CHARLOT,

COMÉDIE EN TROIS ACTES,

PAR MM. LOCKROY, ANICET-BOURGEOIS ET VANDERBURCH, (Emile-Louis)

Représentée pour la première fois, à Paris, sur le théâtre des Variétés, le 6 décembre 1840.

DISTRIBUTION :

LE DUC DE VALOIS	M. LAFOND.
LA DUCHESSE	Mlle EUG. SAUVAGE.
LE DOCTEUR MÉCHIN	M. CAZOT.
CHARLOT, son neveu	M. LEVASSOR.
Mlle DE LUCE, dame d'honneur de la Duchesse	Mlle LEROUX.
DE NOCÉ	M. MAYER.
UN DOMESTIQUE	M. VICTOR.
UN GARÇON COSTUMIER	M. ÉMILE.
UN EXEMPT	M. EMMANUEL.
UN DOMINO parlant	M. GEORGE.

ACTE I.

Un vestibule à l'extrémité du foyer de l'Opéra, servant de vestiaire. A gauche du spectateur, aux premier et deuxième plans, une large porte ouvrant sur le foyer. Au fond, une autre porte aussi large laissant voir une galerie fermée par une balustrade, et en perspective la salle de l'Opéra. Cette galerie est supposée être au premier étage. De cette galerie, et appuyé sur la balustrade, on doit planer sur la salle du bal, qu'on suppose être au-dessous.

SCÈNE I.

(Au lever du rideau, quelques personnes traversent en courant la galerie du fond, en criant :)

Un médecin, un médecin!

LE GARÇON COSTUMIER, MASQUES, DOMINOS, CHARLOT.

UN DOMINO.

Un médecin!

LE GARÇON.

Qu'est-ce qu'il y a?

UN AUTRE DOMINO.

On demande un médecin.

LE GARÇON.

Allez chercher celui du palais... M. Méchin. Il y a une galerie qui mène des appartemens de monseigneur le duc de Valois dans la salle de l'Opéra; s'il veut bien se déranger, le docteur sera ici dans deux minutes.

CHARLOT, accourant tout essoufflé.

Un médecin! un verre d'eau!

LE GARÇON, s'empressant de lui en offrir un.

Voilà.

CHARLOT, le prenant et le buvant.

Merci.

LE GARÇON.

Monsieur se trouve indisposé?

CHARLOT.

Du tout, mais je viens d'être témoin d'une scène... Il paraît que c'est un capitaine des gardes de Sa Majesté qui vient de surprendre sa femme au bras d'un zéphir.

LE GARÇON, riant.

Ah bah!

CHARLOT.

Oui, le couple a voulu faire bonne contenance; mais le mari s'est fâché; il a arraché le masque à la dame, et les ailes au zéphir.

LE GARÇON.

Bon! et c'est moi qui ai loué le costume.

(Il sort en courant.)

CHARLOT.

Et il en est résulté une bousculade au milieu de laquelle la femme est venue s'évanouir dans mes bras.

UN MASQUE.

Qu'est-ce que vous en avez fait?

CHARLOT.

On parlait de la délacer, et comme je ne la connais pas... (Les masques se mettent à rire.)

LE MASQUE.

Parbleu! voilà beaucoup de bruit pour rien. Mais, mon cher, cela arrive tous les jours.

(Les masques s'éloignent en riant.)

CHARLOT.

Ah! ça se passe aussi gentiment?

SCÈNE II.

CHARLOT, LE DOCTEUR.

CHARLOT.

Il me semble que je fais un rêve des *Mille et une Nuits*; moi, Charlot, je suis au bal, à l'Opéra, et j'ai un rendez-vous, un rendez-vous avec une femme... car ça ne peut être qu'une femme qui m'ait écrit ces deux lignes-là. (Il lit.) « Trouvez-vous ce soir à l'Opéra, sous l'horloge, près du vestiaire... à minuit. » Ça doit être ici; il n'y a pas d'autre horloge... Qui ça peut-il être?

(Il cherche.)

LE DOCTEUR, entrant en lisant un billet.

« Trouvez-vous ce soir à l'Opéra, sous l'horloge, près du vestiaire, à minuit. » (Regardant sa montre.) C'est précisément à l'heure de mon rendez-vous que l'on vient m'appeler pour une petite dame évanouie... me déranger pour une attaque de nerfs! J'en ai bien le temps...

CHARLOT, à part et cherchant toujours.

Ça ne peut être que ma dame au mouchoir brodé.

LE DOCTEUR.

Qui peut m'avoir écrit ce billet?.. Mlle de Lucet?.. Oh! non... Fille d'un pauvre gentillâtre du Poitou, sans autre fortune que la faveur de Mme la Duchesse, qui en a presque fait une demoiselle d'honneur, Mlle de Luce a dû être flattée, sans doute, de la recherche d'un homme tel que moi... mais je ne puis croire... non... elle ne quitte, d'ailleurs, jamais Son Altesse... Ce billet me vient donc d'une autre... et je suis impatient de connaître...

CHARLOT, regardant l'horloge.

Minuit moins cinq... Elle va venir.

LE DOCTEUR, de même.

Minuit moins cinq... On va... (Apercevant Charlot.) Diable!.. je ne suis pas seul ici!..

CHARLOT, à part.

Ah! mais voilà un vieux monsieur qui va me gêner infiniment.

LE DOCTEUR, à part.

Comment lui faire comprendre?

CHARLOT, à part.

Je voudrais pouvoir lui dire honnêtement de...

LE DOCTEUR, à part.

Je crois que ma présence le contrarie.

CHARLOT, à part.

En lui faisant voir que je suis ici pour longtemps, je le déciderai peut-être à s'en aller.

LE DOCTEUR, à part.

Il s'attend à ce que je lui cède la place... comment faire pour?.. Ah! il n'y a ici que ce tabouret... prenons-le.

CHARLOT, à part.

Si je m'asseyais!.. c'est ça...

(Tous deux se dirigent vers le tabouret du costumier; tous deux y mettent en même temps la main.)

LE DOCTEUR, vivement.

Pardon.

CHARLOT, vivement.

Je suis arrivé le premier.

LE DOCTEUR.

C'est que j'ai à faire ici.

CHARLOT.

C'est que... j'y suis pour quelque temps.

LE DOCTEUR.

J'ai un rendez-vous, Monsieur.

CHARLOT.

Moi, aussi.

LE DOCTEUR.

Sous cette horloge, à minuit...

CHARLOT.

Moi, aussi.

LE DOCTEUR.

Allons donc!

CHARLOT.

Monsieur, je vous en donne ma parole d'honneur.

LE DOCTEUR.

Monsieur, en temps de carnaval surtout, j'entends assez bien la plaisanterie; néanmoins, je vous prie de ne pas continuer plus long-temps celle-ci.

CHARLOT.

Une plaisanterie?.. C'est peut-être vous qui plaisantez, seulement.

LE DOCTEUR.

Moi? parbleu!

ENSEMBLE, lisant en même temps leurs billets.

« Trouvez-vous ce soir, à l'Opéra, sous l'horloge, près du vestiaire, à minuit.

LE DOCTEUR.

Ah!

CHARLOT.

C'est exactement la même chose.

LE DOCTEUR.

Ce billet était pourtant bien à mon adresse.

CHARLOT.

J'ai pourtant bien lu...

ENSEMBLE.

LE DOCTEUR, lisant.

« Le Docteur Méchin, au Palais-Royal. »

CHARLOT, de même.

« Charles Méchin, rue de l'Échelle. »

CHARLOT.

Hein?

LE DOCTEUR.

Plaît-il?

CHARLOT.

Vous êtes?..

LE DOCTEUR.

Vous seriez?..

CHARLOT.

Mon oncle! (Il veut l'embrasser.)

LE DOCTEUR.

Permettez, Monsieur, permettez... vous êtes...

CHARLOT.

Charles Méchin, dit Charlot, fils de François-Pierre Méchin, votre frère, votre vrai frère... même qu'il m'a donné une lettre pour vous, que je n'ai pas encore pu vous montrer... parce que vous n'êtes pas souvent chez vous, mon oncle?.. J'y ai été au moins dix fois... il faut que vous ayez furieusement d'affaires...

LE DOCTEUR.

C'est bon. (A part.) Quelle sotte rencontre! (Haut.) Vous êtes mon neveu, j'y consens, et grand bien vous en advienne; mais tout cela ne m'explique pas...

CHARLOT.

Le rendez-vous? Au fait...oh! mais j'y suis, à présent, j'y suis parfaitement; c'est un tour de Sulpice Lechat.

LE DOCTEUR.

Vous dites?..

CHARLOT.

Sulpice Lechat... un étudiant, un camarade, à qui j'avais raconté que vous me fermiez votre cœur, vos bras et votre porte. Sulpice, en voyant que je désespérais de pouvoir arriver jusqu'à vous, m'avait dit hier : Dans vingt-quatre heures, je te ferai trouver face-à-face avec ton oncle... Il m'a tenu parole.

LE DOCTEUR, froissant le billet.

L'impertinent!

CHARLOT.

J'y ai été pris. Je croyais que c'était une belle dame qui m'avait écrit... Peut-être vous aussi, mon oncle?

LE DOCTEUR, avec dépit.

Moi, je... je trouve fort mauvais que vos amis se permettent...

CHARLOT.

Ah! il est très farceur, celui-là... Il m'avait conseillé aussi de vous envoyer ma lettre de recommandation, imprimée dans le *Mercure*... vous savez, la lettre de mon père, qui se trouve être en même temps maréchal-ferrant à Beauvais.

LE DOCTEUR, à part.

Un pareil scandale! (Haut, du ton le plus amical.) Pourquoi? Croit-il donc que je ne suis pas tout disposé?.. Cette lettre, où est-elle?

CHARLOT.

Elle ne me quitte pas. Je me disais : Je finirai par rencontrer mon oncle et... Voilà la lettre.

LE DOCTEUR, la mettant dans sa poche.

Je la tiens!..

CHARLOT.

Vous ne la lisez pas?

LE DOCTEUR.

C'est tout ce que tu me voulais ?.. Bonne nuit.

CHARLOT.

Un instant; vous ne me quitterez pas comme ça... Mon père m'a dit qu'avec cette lettre-là, vous m'aideriez à faire mon chemin.

LE DOCTEUR.

Si tu veux retourner à Beauvais, je te paie le voyage.

CHARLOT.

Laissez donc, à présent que je vous ai retrouvé, mon oncle, je ne quitte plus Paris; je suis sûr d'y faire fortune.

LE DOCTEUR.

Toi?..

CHARLOT.

Oh! parce que j'ai l'air un peu... candide, il ne faut pas croire que je ne suis pas déjà très dégourdi... sans compter que je mords très bien à la science. Je me lance aussi près des dames; j'en ai même remarqué une, à Long-Champ, dans un beau carrosse à quatre chevaux. Elle avait un voile noir... et je n'ai pas pu voir sa figure; mais une femme à quatre chevaux, ça doit être très bien.

LE DOCTEUR.

Voyez-vous!..

CHARLOT.

De plus, j'ai un souvenir d'elle... son mouchoir qu'elle a laissé tomber; je ne dirai pas que c'est pour moi... je l'ai ramassé... Dans le premier moment, j'ai couru après pour le lui rendre, mais la voiture allait si vite... A présent, je suis enchanté de l'avoir gardé; il est brodé... avec des armes.

LE DOCTEUR, riant.

Oh! des armes! (Il prend le mouchoir.) Quelque vieille douairière... (Il le regarde.) Que vois-je!..

CHARLOT.

Hein?..

LE DOCTEUR.

Rien!.. (A part.) C'est bien son chiffre!

CHARLOT.

Qu'est-ce que vous avez vu?

LE DOCTEUR, à part.

Et ce petit niais qui supposait.. il s'adressait bien... Néanmoins, pour éviter toute interprétation. (Il met le mouchoir dans sa poche.)

CHARLOT.

Eh bien! et mon mouchoir?

LE DOCTEUR.

Je le garde; c'est un service que je veux bien te rendre. Adieu.

CHARLOT.

Mais, mon oncle...

LE DOCTEUR.

Je tiens toujours, à ta disposition, tes frais de route pour retourner à Beauvais.

CHARLOT.

Du tout! je veux rester à Paris, je veux être médecin comme vous.

LE DOCTEUR.

Toi? Vétérinaire... c'est possible... avec des protections... Tâche, surtout, que je n'entende plus parler de toi.

CHARLOT.

Ah! voilà comment vous traitez votre unique neveu? Eh bien! je ne retournerai pas à Beauvais. Je n'ai pas besoin de vos services pour percer dans le monde... et vous serez, peut-être, un jour bien aise de me rencontrer... Ah! je vous ferai voir... C'est qu'on a mauvaise tête dans la famille.

(Ici, un domestique paraît, s'approche du Docteur et lui remet un billet.)

LE DOMESTIQUE, à part.

De la part de Son Altesse.

LE DOCTEUR.

De Son Altesse? Donnez, donnez vite.

CHARLOT, à part.

Un valet galonné sur toutes les coutures... Il a une clientelle superbe.

LE DOCTEUR, à part.

Qu'ai-je lu? Quel caprice? mais c'est impossible.

LE DOMESTIQUE, bas.

Son Altesse vous attend.

LE DOCTEUR.

J'y cours... Je la ferai changer d'avis... je ne dois pas souffrir.

CHARLOT, bas.

Dites donc, mon oncle, est-ce pour une saignée?.. Si vous avez besoin d'un aide, me voilà.

LE DOCTEUR.

Merci. (Bas au domestique.) Remarquez bien ce garçon; s'il se présente au palais et demande à me voir... je n'y serai jamais pour lui. Venez.

(Il sort en courant avec le domestique.)

SCÈNE III.

CHARLOT.

Eh bien! il est gentil, mon oncle... Je serai venu à Paris, on aura fait pour moi des sacrifices... on m'aura donné cent écus de pension, pour faire de moi un vétérinaire... Oh! non!.. Et, d'abord, je vais suivre les conseils de Sulpice... un jeune homme ne peut pas se présenter dans le monde sans avoir eu une maîtresse ou un duel... Je veux avoir l'une et l'autre... A l'Opéra, ça doit se trouver facilement... il ne faut qu'une dame qui me regarde en coulisse et un homme qui me regarde de travers... Ah! ah! mon oncle... je ferai tant de bruit que vous entendrez parler de moi.

(Il sort en courant et heurte en passant un grand domino noir, dont le masque tombe.)

SCÈNE IV.

LE DOMINO, seul.

Peste soit du butor. (Ramassant vite son masque.) Heureusement, personne n'était là pour voir ma figure... je suis seul, parfaitement seul, respirons. (Il s'assied sur le tabouret.) Que penserait Sa Majesté Louis XIV, si elle savait que le duc de Valois, commandant un régiment au camp de Compiègne, a quitté son poste, pour venir passer quelques heures au bal de l'Opéra? Que penserait la Duchesse, si elle savait son mari si près d'elle? Le Roi se fâcherait, et pour rien au monde, je ne voudrais être reconnu... mais la Duchesse me pardonnerait-elle?.. charmante petite femme! elle dort et songe à moi, peut-être... Oh! je suis bien coupable; mais je la retrouverai demain, toujours aussi bonne, aussi aimante, et le carnaval n'a plus qu'une nuit... Du monde!

(Il remet son masque. A ce moment, on voit paraître à la galerie du fond, le Docteur donnant le bras à deux dominos, l'un rose de lin, l'autre noir.)

SCÈNE V.

LE DOCTEUR, LE DUC, LE DOMINO ROSE, LE DOMINO NOIR.

LE DUC.

Je ne me trompe pas, c'est mon médecin ordinaire, le docteur Méchin avec un domino sous chaque bras, le vieil Hippocrate serait-il en bonne fortune?

LE DOCTEUR, au domino rose.

Ah! Madame, quelle imprudence! je crois rêver; par grace, entrons un moment dans cette salle... Tous ces regards qui vous examinent et vous suivent, me mettent au supplice...

LE DOMINO ROSE.

Volontiers, car j'étouffe.

(Elle met la main à son masque, pour l'ôter, le docteur aperçoit alors le Duc, et saisit la main du domino rose.)

LE DOCTEUR.

Prenez garde!

LE DUC, s'éloignant après avoir entendu, à part.

Plus de doutes! ah! maître Méchin! à votre âge! si je retrouve mon aide de camp; avant dix minutes, il ne vous restera pas un de ces deux dominos.

(Il sort après avoir regardé le domino rose.)

SCÈNE VI.

LES MÊMES, excepté LE DUC.

LE DOCTEUR, après avoir suivi la Duc, des yeux.

Il est parti.

LE DOMINO ROSE.

Ah! tant mieux. (Otant son masque) L'air me manquait là-dessous.

LE DOCTEUR.

Sans masque ici! pour Dieu! Mlle de Luce, faites sentinelle, je vous en prie.

Mlle DE LUCE.

Soyez sans crainte. (Elle remonte au fond.)

LE DOCTEUR.

Quel coup de tête! oh! si le Roi, si M. le Duc savaient!.. s'exposer... (A part.) C'est-à-dire, que si je n'étais pas si sûr de sa vertu, je croirais que...

LA DUCHESSE.

Mais docteur, nous sommes seuls... soyez donc tranquille.

LE DOCTEUR.

Tranquille! j'ai le frisson, la fièvre, le vertige... quelle fantaisie! quel caprice! la duchesse de Valois! une altesse royale! au bal public, masqué! vous compromettre, que dis-je? nous compromettre, pour...

LA DUCHESSE.

Pour voir ce que je n'avais jamais vu; je sais depuis long-temps, comment on s'ennuie à Versailles, j'ai voulu savoir comment on s'amuse à Paris.

LE DOCTEUR.

Sans me demander conseil! sans me prévenir!

LA DUCHESSE.

Au premier mot que je vous aurais touché de mon projet, vous auriez trouvé mille inconvéniens, mille obstacles...

LE DOCTEUR.

Et Mlle de Luce n'a point essayé de vous retenir?

LA DUCHESSE.

Elle m'est trop dévouée pour cela. Mlle de Luce a été enchantée en apprenant que je l'avais choisie pour m'accompagner... oh! ne lui adressez pas de reproches, de sermons, vous n'avez pas d'ailleurs le droit de lui en faire encore, et si on la consultait, je crois que vous ne l'auriez jamais. J'ai demandé deux dominos, une fois habillée, j'ai pris avec ma complice, l'escalier dérobé, qui de la galerie Montpensier, mène à votre appartement, et je vous ai fait appeler par mon vieux René qui est discret comme un muet du sérail. Me voilà donc dans la salle de l'Opéra... au milieu d'un monde dont je ne m'étais pas fait une idée... Mais c'est très joli, un bal masqué; si c'est une imprudence, elle ne peut vraiment pas me compromettre beaucoup... je suis au bal, il est vrai, mais j'y suis en compagnie de mon médecin, le plus grave personnage de ma maison, il ne me manque que mon confesseur.

LE DOCTEUR.

Votre Altesse trouve le bal joli, mais elle ne sait pas ce que c'est.

LA DUCHESSE.

Et comme je ne l'apprendrais pas dans cette salle... (Elle remonte ainsi que Mlle de Luce.)

LE DOCTEUR, retenant la Duchesse.

Où voulez-vous donc aller?

LA DUCHESSE.

Mais là où l'on s'amuse.

LE DOCTEUR.

Dans cette cohue! oh! par exemple! je m'oppose... Votre Altesse croit-elle donc retrouver ici les respects dont on l'entoure à Versailles ou au Palais-Royal?

LA DUCHESSE.

Je ne m'attends à trouver ici que ce que j'y suis venue chercher, une distraction, un plaisir...

LE DOCTEUR.

Oui... mais ceux-ci... c'est très embarrassant; vous ignorez... c'est une gaîté qui tient du délire; la liberté que donne le carnaval, n'est souvent qu'une licence effrénée, vous vous exposez à voir et à entendre.

LA DUCHESSE.

Quoi?

LE DOCTEUR.

C'est très embarrassant. Chacun, ici, sous le masque, se croira votre égal, et vous traitera comme...

LA DUCHESSE.

Comme?

LE DOCTEUR.

Comme on ne traite pas ordinairement les altesses; avez-vous remarqué tout à l'heure, ce grand domino? il ne vous quittait pas des yeux... j'ai cru qu'il allait vous parler, et Dieu sait ce qu'il aurait pu vous dire!..

LA DUCHESSE.

En vérité? eh bien! pour éviter qu'il ne nous reconnaisse, perdons-nous dans le bal, car encore une fois, mon cher docteur, je ne suis pas venue à l'Opéra, pour rester dans un vestiaire.

Mlle DE LUCE, revenant.

Voici quelqu'un.

LE DOCTEUR.

C'est lui.

LA DUCHESSE.

Qui?

LE DOCTEUR.

Le grand domino; j'étais sûr qu'il vous avait remarquée. (La Duchesse remet son masque.)

SCÈNE VII.

LES MÊMES, LE DUC.

LE DUC, à part.

Impossible de rejoindre de Nocé.

LE DOCTEUR, bas à la Duchesse.

Je vous en supplie, évitons-le.

LE DUC.

Les voici, le docteur est encore là.

LE DOCTEUR.

Venez.

LE DUC, déguisant sa voix et arrêtant le Docteur.

Deux dominos pour un seul masque, c'est trop de moitié.

(Il sépare le Docteur de la Duchesse.)

LE DOCTEUR.

Monsieur...

LE DUC.

Mon cher, le plaisir ne connaît pas le nombre trois, au bal masqué il faut être deux ou quatre, soyons quatre.

(Il veut prendre le bras de la Duchesse qui lui échappe, et va se blottir près du Docteur.)

LE DOCTEUR.

Monsieur, un mot de plus, et je vous fais jeter hors de cette salle.

LE DUC.

En vérité?

LE DOCTEUR.

Si vous saviez à qui vous parlez.

LE DUC, à part.

Si tu savais à qui tu t'adresses. (Haut.) Es-tu père, époux ou tuteur pour veiller aussi despotiquement sur tes possessions? mais mon cher, si tu es toujours de cette humeur-là, je ne m'étonne plus que tes deux dominos soient si farouches... Parbleu, mes jolis masques, vous n'avez pas eu la main heureuse, et je ne vous conseille pas de vous montrer à son bras si vous ne voulez attrister le bal, c'est un catafalque, heureusement vous n'êtes pas aussi sérieux que lui, et d'abord, toi, mon petit domino rose, je me charge de t'égayer.

(Il saisit la Duchesse qui recule effrayée.)

LE DOCTEUR, se jetant au-devant de lui pour l'arrêter.

Monsieur!

LE DUC.

Oui, oh! je sais bien que cela te dérange, mais j'ai résolu de te faire passer une joyeuse nuit.

LE DOCTEUR.

Monsieur!

LE DUC.

N'es-tu pas honteux de te montrer aussi triste, quand tu as à ton bras un petit domino comme celui-là, sais-tu qu'il n'est personne ici qui ne te porte envie et qui, en voyant cette jolie main, cette taille si bien prise...

(La Duchesse s'échappe de ses bras.)

LE DOCTEUR.

Monsieur!

LE DUC.

Je gage que ce domino n'est pas venu ici pour toi... (A part.) Elle doit être charmante, d'honneur.

LE DOCTEUR, bas à la Duchesse.

Eh bien, Madame, vous pouvez juger à présent!.. Prenez mon bras, je vous en conjure.

LA DUCHESSE.

Oh! oui, docteur.

(Elle sort avec le Docteur.)

LE DUC, les suivant.

Pardon! je voudrais vous dire encore... (Il s'arrête en apercevant Nocé.) Ah! Nocé!

SCÈNE VIII.

LE DUC, NOCÉ.

LE DUC.

Tu vois ces deux dominos qui nous quittent? c'est le docteur Méchin qui les conduit; je suis sûr que l'un des deux cache une petite femme charmante; suis le docteur et ses deux dominos, au plus fort de la foule, tu trouveras facilement le prétexte, le moyen de les séparer; d'ici, je ne te quitterai pas des yeux Va.

(Nocé sort en courant, et heurte en sortant, Charlot qui entre et dont le chapeau roule près du Duc.)

SCÈNE IX.

LE DUC, CHARLOT.

CHARLOT, à Nocé, qui s'en va.

Prenez donc garde, Monsieur; on ne marche pas sur les gens, sans crier: Gare!.. Eh bien! il s'en va? Monsieur, Monsieur! vous oubliez de me faire des excuses... Ah! bah! il est déjà loin.. il m'a démis l'épaule! Décidément, je ne m'amuse pas du tout, ici!

LE DUC, en remontant pour suivre Nocé des yeux, marche sur le chapeau de Charlot.

Bon! le voilà qui descend le grand escalier, il va les rejoindre...

CHARLOT.

Avez vous vu ce Monsieur?

LE DUC.

Quoi? qu'est-ce qu'il y a? passez votre chemin!

CHARLOT.

Au fait, ça ne le regarde pas; il n'est pour rien... (Apercevant le chapeau.) Mais si, pardieu, il est dans mon chapeau... en plein... Regardez donc à vos pieds!

LE DUC.

Il ne parviendra pas à percer la foule.

CHARLOT, au Duc qui remonte et marche encore sur le chapeau.

Monsieur, prenez donc garde!

LE DUC.

Ah! il les aperçoit!

CHARLOT.

Est-ce que vous le faites exprès? Vous m'avez applati mon chapeau.

LE DUC.

Qu'est-ce que vous me voulez?

CHARLOT.

J'en veux un autre!

LE DUC.

Allez au diable!

CHARLOT.

Vous m'insultez, encore!

LE DUC, à part.

Bien! une querelle, dans ce moment!

CHARLOT.

Ça ne se passera pas comme ça.

LE DUC.

Voulez-vous me laisser tranquille!

CHARLOT.

Je ne me laisse pas molester.

LE DUC, à part.

Huit jours de Bastille!

CHARLOT.

Vous me rendrez raison!

LE DUC.

Un mois.

CHARLOT.

Je vous apprendrai...

LE DUC.

Un an, dix ans, vingt ans de Bastille.

CHARLOT.

Voilà mon adresse; rue de l'Échelle, n° 7, au sixième.

LE DUC.

Je ne l'oublierai pas! (Regardant.) Ah! Nocé a séparé le domino rose du docteur,

CHARLOT.

Je vous attendrai.

LE DUC.

Enfin, le voilà seul.

CHARLOT.

Demain matin.

LE DUC.

Il est à moi! (Il sort en courant.)

SCÈNE X.

CHARLOT.

Eh bien! votre adresse? Monsieur!.. Il s'en va sans me donner son adresse!.. Ah bah! je lui ai dit que je l'attendrais. Et d'abord, avant tout, il faudra qu'il me paie mon chapeau... il serait trop commode que j'en fusse pour six écus en sus de lui! (On voit passer au fond, la Duchesse dans le plus grand effroi, et un instant après le Duc qui la poursuit.) Je ne pourrai plus m'en servir... c'est égal, me voilà lancé!

Air nouveau d'Eugène Déjazet.

Mon avenir est commencé,
Il me manquait une querelle,
Elle arrive quand je l'appelle,
Oui, maintenant je suis lancé.

D'une pareille circonstance,
Avec ardeur, j'ai profité.
Quel bonheur, quelle heureuse chance
Que ce monsieur m'ait insulté!
Mon chapeau, couvert de blessures,
N'est pas un triomphe complet,
Je regrette, après les injures,
Qu'il n'ait pas risqué le soufflet.

Mon avenir est commencé,
Il me manquait une querelle,
Elle arrive, quand je l'appelle.
Oui, maintenant, je suis lancé.

Je ne serai pas venu au bal de l'Opéra pour rien. Ah! je tiens mon duel, je l'ai... il ne me manque plus...

SCÈNE XI.

LA DUCHESSE, CHARLOT.

LA DUCHESSE, dans le plus grand désordre.

Sauvez-moi! emmenez-moi!..

CHARLOT.

Qui ça? où ça?

LA DUCHESSE.

Ah! seule! je me sens mourir!..

CHARLOT.

Elle s'évanouit dans mes bras! c'est la seconde... j'ai la chance... Où ça? vous emmener où ça? Vous êtes poursuivie?.. Dites donc, on vient... Attendez...

(Il l'emporte dans ses bras et disparaît.)

SCÈNE XII.

LE DUC; puis NOCÉ.

LE DUC.

Personne... elle m'a échappé... quel chemin a-t-elle pris? (A Nocé qui entre.) Ah! te voilà!..

NOCÉ.

Fuyons, Monseigneur, on me poursuit, et si vous alliez être reconnu.

(Ils disparaissent à gauche.)

SCÈNE XIII.

LE DOCTEUR, MASQUES, AGENS DE POLICE.

LE DOCTEUR.

Il l'a suivie de ce côté. (Montrant le Duc et Nocé qui ont disparu.) Les voilà, courez! qu'on les arrête! et la Duchesse! et Mlle de Luce?.. Ah! je me souviendrai de cette nuit!

AIR : Quoi, ce serait Antonio! (DEUX JOURNÉES.)

LE DOCTEUR et LE CHŒUR.

Oui, sans perdre une seconde,
Prévenez un grand forfait;
Qu'on arrête tout le monde.
Et ce sera plus tôt fait.

TOUS.

Ils sont partis de ce côté,
Qu'à l'instant, il soit arrêté.
Courez, courez / Courons, courons de ce côté.

FIN DU PREMIER ACTE.

ACTE II.

Une mansarde très modestement meublée. Porte de sortie à droite; à gauche, la chambre à coucher de Charlot. Au fond, un cabinet avec un œil-de-bœuf. Une table, un buffet, deux ou trois chaises.

SCÈNE I.

CHARLOT, LA DUCHESSE.

(La Duchesse est à demi couchée sur une chaise à bras; elle a conservé son masque, et paraît encore évanouie. Charlot est à genoux auprès d'elle et lui prodigue des soins.)

CHARLOT.

Vous pouvez revenir à vous, Madame, il n'y a plus de danger!.. Ma foi, je ne savais où la conduire, je l'ai conduite chez moi, là... on est mieux que dans ce mauvais carosse de place qui nous a ramenés de l'Opéra... hein? si jamais celui-là a été suspendu! Ouf! je suis encore essoufflé... ce n'est rien... ça vient peut-être d'avoir monté six étages en vous tenant sur mes bras... ce n'est pas que vous soyez lourde, au moins! grand Dieu! je vous aurais portée jusque... (Se relevant.) Oh! ne faites pas attention! (A part.) Je crois que j'ai attrapé un tour de reins. (Haut.) Comment vous trouvez-vous, à présent?.. Rien! Est-ce qu'elle va rester toujours comme ça? Si je lui ôtais son masque? je n'ai pas encore osé le faire par respect... ah! bah! ça doit la gêner... d'abord, ça me gêne, moi... (Poussant un cri au moment où il ôte le masque.) Oh! qu'elle est bien!.. Pauvre petite femme!.. Qu'est-ce que je pourrais lui faire respirer? une figure si distinguée! des sels, de l'eau de mélisse... Ça doit être une femme de condition, une conseillère au parlement ou une danseuse. (Regardant un médaillon, que la Duchesse porte au cou.) Quelle imprudence de porter des bijoux de ce prix-là! C'est que je n'ai rien! (Il ouvre un buffet, et n'y trouve qu'une assiette avec un reste de fromage.) Ah ben! oui, rien! absolument rien!..

LA DUCHESSE.

Où suis-je?.. C'est singulier, j'ai peine à me souvenir...

CHARLOT, à part.

Elle revient à elle. (Haut.) Croyez-vous que si j'ouvrais la croisée...

LA DUCHESSE.

Ciel! un homme!.. Qu'est-ce que cela veut dire?.. seule ici... (Regardant la chambre.) Où suis-je donc?

CHARLOT.

Chez moi, Madame, tout bonnement.

LA DUCHESSE.

Chez vous?

CHARLOT.

Rue de l'Échelle, nº 7, au sixième, la porte en face de l'escalier; je suis seul sur mon carré, il n'y a pas à se tromper.

LA DUCHESSE, à elle-même.

Je ne sais si je veille.

CHARLOT.

Voilà mon logement : deux pièces de plein pied... (Désignant le cabinet à l'œil de bœuf.) Avec un cabinet où on n'y voit pas, ce qui est très commode; ici, c'est mon salon, ça peut servir de salle à manger, ça me sert de cuisine, c'est assez complet; là, ma chambre à coucher... voulez-vous la voir?

LA DUCHESSE.

Monsieur... qui êtes-vous?

CHARLOT.

Ah! dame! j'aurai par la suite une assez gentille position, si je fais fortune. Pour le moment, je me trouve un peu gêné, attendu que j'appartiens à une famille qui n'a pas le sol. (A part.) J'ai peut-être tort de lui dire tout ça, elle ne va pas avoir de moi une fameuse opinion. (Haut.)

Il ne faut pas croire que tous mes parens soient sans fortune, j'en ai de riches, j'en ai un qui même n'a pas d'enfans... A ce qu'il dit... c'est le docteur Méchin, médecin de Son Altesse le duc de Valois... Vous en avez peut-être entendu parler?

LA DUCHESSE.

Oui, en effet... Comment, vous seriez parent du docteur?

CHARLOT.

C'est mon oncle, Madame, mon propre oncle... il m'aime beaucoup... seulement, il n'a pas voulu me recevoir, parce qu'il craint que je lui fasse honte... Mais patience, quand une fois je serai riche... et je peux le devenir comme lui. Qu'est-ce qu'il faut pour cela? D'abord, il n'avait rien quand il a commencé... je suis aussi avancé qu'il l'était... ainsi, c'est une chance... et puis, en travaillant... j'ai déjà commencé... j'étudie la médecine... oui, j'ai dessein de me faire apothicaire... c'est un état où l'on fait vite de belles connaissances... (A part.) Il n'y a pas de mal de se faire valoir un peu.

LA DUCHESSE.

Mais, Monsieur, comment se fait-il que je sois ici?

CHARLOT.

C'est moi qui vous y ai apportée, Madame, dans mes bras, cent soixante dix-sept marches,

LA DUCHESSE, avec effroi.

Dans vos bras, Monsieur?

CHARLOT.

Oh! mais je suis incapable... je sais trop comment on doit prendre une personne comme vous, Madame, qui mérite le respect... il ne me serait jamais venu à l'idée... je suis un jeune homme honnête, Madame, et je ne vous ai pas arrachée tout évanouie au danger que vous couriez au milieu de ces vilains masques pour me conduire moi-même comme ils auraient pu le faire. Fi donc! rien que d'y penser le rouge me monte au visage.

LA DUCHESSE, à part.

Son air de candeur doit en effet me rassurer sur ma position. Mais quelle aventure et quelle leçon pour moi! me trouver ainsi seule chez un homme que je ne connais pas!..

CHARLOT.

Dame! il ne faut pas m'en vouloir de vous avoir conduite ici... vous étiez seule... Dieu sait ce que vous seriez devenue dans cette bagarre.

LA DUCHESSE.

Oui, en effet... à toutes les bontés que vous avez eues pour moi, Monsieur, voudriez-vous ajouter celle d'aller me chercher une voiture de place?

CHARLOT.

Ah! vous voulez vous en aller déjà?

LA DUCHESSE.

Oui, il me tarde... j'ai des motifs pour désirer de rentrer chez moi.

CHARLOT, désappointé.

C'est différent. (Timidement.) Mais vous me connaissez, c'est-à-dire, je ne vous ai pas dit mon nom... Je m'appelle Charles Méchin, ou plus habituellement Charlot. Vous me connaissez, je vous ai donné mon adresse...

LA DUCHESSE, à part.

Est-ce qu'il va me demander la mienne?

CHARLOT.

Tandis que moi, Madame, je ne sais pas quelle est votre position...

LA DUCHESSE.

Ah! mon Dieu! elle est fort ordinaire... c'est la première fois que je vois Paris... Je n'y reviendrai plus... Je voudrais pour beaucoup que cette voiture fût arrivée.

CHARLOT.

Vous avez peut-être à lui faire faire une longue course... Est-ce que vous craignez qu'on s'aperçoive chez vous?...

LA DUCHESSE.

Chez moi? non... mais il est des personnes qui peuvent être inquiètes.

CHARLOT.

Ah! parce que vous n'êtes pas venue seule au bal?

LA DUCHESSE.

Non... une demoiselle...

CHARLOT.

Et vos parens?

LA DUCHESSE.

Je les ai perdus.

CHARLOT.

Vous êtes orpheline?

LA DUCHESSE.

Non; la foule m'en a séparée.

CHARLOT.

Ah! bien! mais, alors, le temps qu'ils vous cherchent... c'est que vous vous trouvez peut-être bien mal ici. C'est gentil, mais c'est simple.

LA DUCHESSE.

Non. Oh! ce n'est pas là la raison qui me fait désirer de partir.

CHARLOT.

Vrai? ça ne vous déplaît pas trop! eh bien! je n'en suis pas surpris. Vous devez aimer la simplicité... et d'abord pour ce qui est de votre toilette, vous êtes assez jolie pour vous passer... pardon, je n'ai rien voulu dire qui vous fût désagréable. (A part.) C'est étonnant comme elle m'intimide!..

LA DUCHESSE, à part.

Je ne vois pas de quoi je pourrais me fâcher.

CHARLOT.

Ainsi, vous comprenez qu'on puisse vivre ici tout aussi bien que dans de beaux appartemens.

LA DUCHESSE, toujours distraite.

Oui; il ne s'agit que d'en avoir l'habitude.

CHARLOT.

Et ça se prend si vite! on y est aussi gai, allez, aussi heureux.

LA DUCHESSE.

Oui. (A part.) Cette voiture...

CHARLOT.

Et d'ailleurs, si on voulait, on pourrait faire de ce logement quelque chose de très bien.

LA DUCHESSE, souriant.

En effet, il suffirait, je crois, de peu de chose pour l'embellir à vos yeux. (A part.) Je ne l'oublierai pas.

CHARLOT.

Il n'en faudrait qu'une. (A part.) Je tremble de tous mes membres. (Haut.) Je n'en demanderais qu'une; c'est qu'on ne changeât rien de ce qui s'y trouve dans ce moment.

LA DUCHESSE, à part.

Une déclaration! me voilà bien!

CHARLOT, à part.

Je crois qu'elle a compris. (Haut, ployant tout doucement le genou.) Je n'en demanderais qu'une.

LA DUCHESSE.

Oui; pardon, vous m'aviez promis...

CHARLOT.

D'aller vous chercher un carrosse? j'y vais, Madame, j'y vais, parce que le désir de vous servir... si vous saviez combien je suis heureux depuis un moment. (A part.) Elle a compris et elle ne s'est pas fâchée. Oh! si j'étais plus audacieux... pourtant, je crois qu'il ne faut pas encore lui baiser la main. (Haut.) J'y vais, Madame, j'y vais.

ENSEMBLE.

Air de M. Nargeot.

CHARLOT.

Oui, Madame, sans plus attendre,
A vos ordres, je vais me rendre;
Heureux moment! hasard flatteur!
Je ne puis croire à mon bonheur!

LA DUCHESSE.

Ah! de grace, sans plus attendre,
A mes désirs, daignez vous rendre;
Quand je confie à votre honneur
Et mon repos et mon bonheur.

SCÈNE II.

LA DUCHESSE, seule.

Il sort enfin! J'ai eu peur un moment, j'étais au supplice. Ce jeune homme commençait à m'embarrasser avec ses complimens... ils devenaient tellement directs... c'est qu'une déclaration, ici, à cette heure, c'est effrayant... le plus prudent ne serait-il pas de m'éloigner bien vite pendant que je suis seule! oh! oui, mais quel chemin prendre? comment retrouver le Palais-Royal? je ne connais pas les rues de Paris, je n'y suis jamais allée à pied. (Ouvrant la croisée.) Dieu! que cette obscurité est effrayante! comment m'aventurer sans guide dans ce labyrinthe de maisons? et si j'étais rencontrée seule, à cette heure! (Riant.) Il ne me manquerait plus que d'aller finir ma nuit au For-l'Evêque ou au Châtelet. Je ris... je ris... et ma position est affreuse. Oh! quelle faute! quelle faute! Non, il vaut mieux attendre ce jeune homme, il a l'air honnête, il m'a protégée, après tout, et ma figure lui imposera assez... C'est qu'il la trouve très jolie, ma figure! n'importe, il a pour moi du respect... allons, patience et résignation. (Elle s'assied.) Qu'aura dit Mlle de Luce en ne me voyant plus? (Elle rit.) Et ce bon docteur? je suis sûre qu'ils auront mis toute la police en mouvement; ils me cherchent partout dans ce bal, pendant que je suis ici, chez M. Charlot, je ne m'étais jamais trouvée en pareil lieu. Ce pauvre peuple! voilà donc où il loge! et il rit là-dedans!.. On monte... si quelqu'un me surprenait ici! (Elle se lève toute tremblante.) Non, c'est M. Charlot.

SCÈNE III.

LA DUCHESSE, CHARLOT, apportant des provisions.

LA DUCHESSE.

Merci, Monsieur... cette voiture...

CHARLOT.

Il n'y en a plus, Madame, oh! je n'ai pas été long-temps? oh! c'est que, pour vous être agréable.

LA DUCHESSE.

Comment, Monsieur, il n'y en a pas?

CHARLOT, posant ses provisions sur la table.

Oh! mon Dieu! la dernière partait quand je suis arrivé! (A part.) Ce n'est pas maladroit.

LA DUCHESSE.

Mais que vais-je faire?

CHARLOT, mettant le couvert avec empressement.

Ça vous contrarie? je comprends. Oh! je suis bien mortifié aussi.

LA DUCHESSE, à part.

Seule!.. la nuit... comment sortir d'ici?

CHARLOT.

Il ne peut pas manquer d'en venir sur la place d'ici à quelque temps, il est encore de bonne heure. (Il va à son buffet, et en tire deux assiettes, les seules qui s'y trouvent.) Voilà tout ce que j'ai, ça sera peut-être un peu court... bast, avec un coup de serviette.

LA DUCHESSE.

C'est une fatalité, mais je n'ai pas deux partis à prendre. (Haut.) Monsieur, vous avez fait preuve de tant de complaisance, que je vous prie de me rendre encore un dernier service.

CHARLOT, tenant son couvert à la main.

Lequel, Madame? parlez... oh! vous servir, vous!

LA DUCHESSE.

C'est de vouloir bien m'accompagner jusque chez moi.

CHARLOT.

Comment donc! (A part.) Je vais savoir. (Haut.) Vous demeurez?..

LA DUCHESSE.

Je ne sais pas le nom de ma rue... je suis étrangère, je vous l'ai dit, mais en passant du côté du Palais-Royal, je crois que je retrouverai mon chemin.

CHARLOT, à part.

Je ne suis pas beaucoup plus avancé qu'avant.

LA DUCHESSE.

Pardon, j'abuse de votre obligeance, car je vois que vous alliez vous mettre à table.

CHARLOT.

Moi? non; c'est-à-dire... vous pensez bien que je n'ai pas l'habitude de souper comme ça.

(Il montre les mets qui sont sur la table.)

LA DUCHESSE.

En effet, ce luxe de provisions.

CHARLOT, avec quelque suffisance.

Oh! quand on est pressé, on ne peut pas faire les choses comme on voudrait, mais il y a tout ce qu'il faut.

LA DUCHESSE.

Oui, une volaille froide.

CHARLOT.

De la galantine.

LA DUCHESSE.

Un pâté.

CHARLOT.

Toutes choses légères; et pour dessert du nougat de Marseille, du sucre de pommes et du fromage de Brie... vous devez aimer les chatteries.

LA DUCHESSE.

Comment! Monsieur? c'est pour moi.

CHARLOT.

Pour n..., pour vous, j'ai pensé que vous n'aviez peut-être pris depuis hier que quelques verres de sirop de groseille.

LA DUCHESSE, à part, en riant.

Souper ici! oh! par exemple! (Haut.) Je vous remercie de votre attention, Monsieur, et je suis confuse de la peine que vous avez prise; croyez que si j'avais su. (A part, en riant.) Qui se serait attendu à cela? (Haut.) Je vous le répète, j'ai hâte de rentrer chez moi, de retrouver ma famille. (Souriant.) Non, vraiment, je ne souperai pas ici.

CHARLOT.

Vous auriez préféré d'aller chez le traiteur? si je l'avais su! bref, vous devez avoir faim.

LA DUCHESSE, souriant.

C'est possible, mais je vous en prie, ayez plutôt la bonté...

CHARLOT.

Ah! vous avez faim! j'en étais sûr; eh bien! voilà une petite table toute prête, toute servie. Tenez, vous serez très bien là.

LA DUCHESSE, à part.

C'est une persécution.

CHARLOT.

Air : Il disait sans cesse. (Perruche.)

Oui, je vous l'atteste,
Ce repas modeste,
Offert de tout cœur
Peut me faire honneur.

LA DUCHESSE, à part.

Sa candeur si franche,
Près de moi s'épanche;
Je ne sais pourquoi
J'en ris malgré moi.

CHARLOT, empressé.

Allons, voyons,
Prenez courage;
Je vous engage
Bien sans façons.
Comme tout cela
Ah!
A bonne mine déjà!
Quelle mine ça vous a!
Mettez-vous là!

LA DUCHESSE.

Là?

CHARLOT.

Là!

LA DUCHESSE, à part.

Il y tient! En vérité, je finirai par rire de bon cœur de mon aventure.

CHARLOT.

Eh bien? vous acceptez, n'est-ce pas?

LA DUCHESSE, riant.

Ah! ah! ah!

CHARLOT, à part, glissant son couvert sur un coin de la table.

Elle accepte! je crois que je m'enhardis.

LA DUCHESSE, qui est allée en riant vers la table, et qui s'arrête tout-à-coup.

Deux couverts!

(On entend frapper à la porte du fond.)

CHARLOT.

Qu'est-ce que c'est que ça?

LA DUCHESSE.

Je suis perdue.

(Elle court saisir son masque.)

CHARLOT.

Je n'attends personne à cette heure-ci. (On frappe de nouveau.) Entrez.

LA DUCHESSE.

Monsieur!

CHARLOT.

N'entrez pas! c'est juste. (Bas.) C'est que la clé est à la porte, j'allais l'ôter.

LA DUCHESSE.

O mon Dieu! par pitié! où me cacher?

CHARLOT, l'entraînant à la porte de gauche.

Là! au fond. (Haut.) N'entrez pas. (Bas.) Prenez la clé, je vous appellerai. (Haut.) N'entrez...

SCÈNE IV.

CHARLOT, LE DUC.

LE DUC.

Pardon, je vous dérange.

CHARLOT.

Du tout.

LE DUC, à part.

C'est mon homme.

CHARLOT, à part.

Le Monsieur du bal!

LE DUC, à part.

Est-ce que vous êtes marié, Monsieur?

CHARLOT.

Et vous?

LE DUC.

Qu'est-ce que ça vous fait?

CHARLOT.

Eh bien! et à vous?

LE DUC.

Rien. C'est qu'à la façon dont vous m'avez répondu, je pouvais penser...

CHARLOT.

Oh! c'est joli. Dites donc, votre montre avance singulièrement.

LE DUC.

Vous croyez, (La regardant.) Trois heures et demie.

CHARLOT.

Eh bien? d'abord, il n'est pas ça, et puis, je suis bien aise de vous dire que ça ne me va pas du tout à cette heure-ci.

LE DUC.

Quoi donc?

CHARLOT.

De vous suivre.

LE DUC.

A quel propos?

CHARLOT, avec colère.

A propos de notre querelle.

LE DUC.

Tiens, vous y pensez encore.

CHARLOT.

Et vous.

LE DUC.

Je l'avais oubliée, ne vous en plaignez pas.

CHARLOT.

Oh! fanfaron! (Avec colère.) Ah ça! qui vous amène ici?

LE DUC.

Un singulier hasard, je vous en réponds. J'étais au bal, occupé par désœuvrement à courir après un petit masque qui m'évitait.

CHARLOT.

Ça ne m'étonne pas.

LE DUC.

Plaît-il?

CHARLOT, accentuant.

Ça ne m'étonne pas.

LE DUC.

C'est possible; j'allais le joindre, lorsque des officiers de police se sont mis, je ne sais pourquoi, à me poursuivre; c'est quelque étourderie de mon compagnon qui m'aura attiré cette mésaventure.

CHARLOT.

Ah! il y en avait un autre avec vous.

LE DUC.

Oui, je me suis vu cerné par eux au moment où je m'y attendais le moins: comme j'ai quelques raisons pour ne pas vouloir que la police se mêle de mes affaires.

CHARLOT.

Oui, je les crois un peu embrouillées.

LE DUC.

Je me suis vu contraint de bousculer deux ou trois de ces braves gens pour m'ouvrir un passage.

CHARLOT.

C'est commode.

LE DUC.

Par malheur, il en restait quelques-uns debout, et à peine dans la rue, je me suis vu assailli de tous côtés; en vain, mon compagnon s'efforçait de les attirer vers lui.

CHARLOT.

Ah! ah! il est encore bon enfant.

LE DUC.

Hein?

CHARLOT.

Rien, allez.

LE DUC.

Une partie...

CHARLOT.

Ah! si ça avait été moi.

LE DUC.

Hein?

CHARLOT.

Allez!

LE DUC.

Une partie d'entre eux s'acharnait à me poursuivre, la retraite m'était coupée... il fallait fuir, et ils allaient m'atteindre peut-être, lorsqu'en passant par ici, j'ai cru me souvenir que, cette nuit, au bal, quelqu'un m'avait donné son adresse rue de l'Echelle, n° 7, au sixième; j'étais devant la maison, j'aperçois une lumière à l'étage indiqué, la porte de l'allée ouverte, je suppose que ma visite est attendue, je monte, et je viens vous prier...

CHARLOT.

De quoi?

LE DUC.

D'aller me chercher un carrosse.

CHARLOT.

Ah bah! c'est pour ça que vous êtes monté?

LE DUC.

Pas pour autre chose.

CHARLOT.

Eh bien! en voilà une proposition à faire à quelqu'un avec qui on va se battre! est-ce que vous m'avez pris pour un domestique?

LE DUC.

Non, mais n'ayant personne sous la main...

CHARLOT.

Vous vous êtes dit: Tiens! ce Monsieur qui m'a donné son adresse! je vais lui faire faire une commission. Eh bien! c'est effronté par exemple! mais je vous prie de vous en aller de chez moi. Il faut lui faire ses courses, à cette heure-ci! mais j'ai déjà bien assez de vous avoir rencontré au bal.

LE DUC.

Vraiment? notre querelle vous tient encore au cœur? vous voulez absolument que nous nous coupions la gorge?

CHARLOT.

Je veux que vous en alliez.

LE DUC.

Soit! dans deux heures il fera jour et je vous appartiens d'ici là.

CHARLOT.

Bon! le voilà qui s'installe.

LE DUC.

Oh! mon Dieu! ce sera comme vous voudrez.

CHARLOT, furieux, allant au duc qui pose son chapeau sur la table.

Mais je veux que vous vous en alliez, vous êtes donc sourd?

LE DUC, qui a vu les deux couverts.

Ah! je n'avais pas remarqué... est-ce que vous alliez souper en famille?

CHARLOT.

En famille... d'abord c'est très indiscret ce que vous demandez là.

LE DUC.

Je ne m'étonne plus... et vous n'êtes pas marié?

CHARLOT.

Je... vous me permettrez de vous dire...

LE DUC, lui prenant l'oreille en riant.

Ah! fripon.

CHARLOT.

Lâchez donc.

LE DUC.

Est-elle jolie?

CHARLOT.

Non... oui... qu'est-ce que ça vous fait?

LE DUC.

Elle est jeune, n'est-ce pas? dix-huit ou dix-neuf ans?

CHARLOT.

Oui, c'est possible. Ça ne vous regarde pas.

LE DUC.

Une grisette?

CHARLOT.

Ou autre chose. Voyez-vous il faut que ce soit une grisette !

LE DUC.

Est-ce que ce serait mieux que ça? une demoiselle?

CHARLOT.

C'est possible.

LE DUC.

De bonne maison?

CHARLOT.

Mais d'aussi bonne que la vôtre, et entre nous ce n'est pas beaucoup dire, car je ne vous crois pas grand'chose.

LE DUC, s'appuyant sur l'épaule de Charlot.

Ah ça! je n'ai pas besoin de vous demander si vous êtes bien ensemble.

CHARLOT.

Dites donc, si vous vouliez vous tenir un peu.

LE DUC.

Oui, vous faites le discret, mais c'est inutile. La position parle assez d'elle-même, et pour une grande dame... (Le faisant pirouetter.) Tournez-vous donc. Parbleu elle a un drôle de goût.

CHARLOT.

Parce que? parce que? voyez-vous? il a l'air de trouver étonnant... eh bien! oui, c'est une grande dame, une très grande, et elle est très jolie encore.

LE DUC.

Je la connais peut-être, et en la voyant...

CHARLOT.

Oh non! ça ne doit pas être de votre société, et elle vient ici, et elle y soupe, et vous m'en... et je vas vous chercher un carrosse parce que j'aime autant me débarrasser de vous tout de suite. J'espère qu'après ça vous voudrez bien me laisser tranquille, et qu'une autre fois vous prendrez un commissionnaire pour faire vos courses. Ça vous coûtera douze sous, et ce n'est pas la peine d'en faire l'économie. (A part.) Elle a la clé... je suis tranquille.

ENSEMBLE.

Air :

CHARLOT.

Abrégeons une visite,
Pour moi fatale aujourd'hui;
Partons, il faut au plus vite
Me débarrasser de lui.

LE DUC, riant.

Pardonnez si ma visite,
Est un peu courte aujourd'hui;
Du guet je fuis la poursuite!
Franchement j'ai peur de lui.

(Charlot sort.)

SCÈNE V.

LE DUC.

Ne voilà-t-il pas un heureux coquin? pendant que je passe une partie de ma nuit à courir après un petit domino qui m'échappe, il donne tranquillement à souper à une grande dame qui ne craint pas de compromettre sa dignité dans cette mansarde. Ah bah! quelque femme de greffier ou d'échevin. Pourquoi? nos duchesses sont si bizarres!.. comptez donc sur la fidélité de vos femmes! quelles belles réflexions conjugales on ferait devant cette petite table à deux couverts dressée dans un galetas! et pour peu que l'on s'imaginât avoir des chances... parbleu! je serais curieux de savoir où il la cache. (Il frappe doucement au cabinet du fond.) Ce n'est pas là. (Il vient à la porte de gauche et y frappe légèrement.) Voyons, peut-être que me croyant parti... rien!

(Il frappe encore : La porte s'ouvre doucement et la Duchesse masquée sort de la chambre.)

SCÈNE VI.

LA DUCHESSE, LE DUC.

LE DUC.

Mon domino!

LA DUCHESSE, poussant un cri et s'élançant vers la chambre pour y rentrer.

Ah!

LE DUC, la retenant.

Un moment! je prends mon bien partout où je le trouve.

LA DUCHESSE, tremblante.

Mon mari! je ne me soutiens plus.

LE DUC.

Vrai Dieu! mon joli domino rose, si jamais j'avais eu le malheur de douter de la providence, j'y croirais maintenant, car c'est elle qui m'a conduit dans cette maison. Oh! pardon, vous ne vous en irez pas ainsi; et puisque j'ai eu le bonheur de vous tirer de votre retraite, vous ne me refuserez pas celui de vous entendre quelques instans. Rien? vous me tenez rigueur? il est vrai que je suis arrivé ici assez mal à propos, mais soyez sans crainte je suis renommé pour ma discrétion d'ailleurs il est probable que je ne vous connais pas.

(Il essaie de voir le visage de la Duchesse.)

LA DUCHESSE, effrayée.

Monsieur!..

LE DUC.

Oui, vous déguisez votre voix, mais vous vous donneriez là une peine inutile si j'avais eu seulement occasion de vous voir une fois. J'ai pour reconnaître mon monde un tact qu'il n'est pas facile de mettre en défaut.

LA DUCHESSE, s'efforçant de cacher davantage sa figure.

Grand Dieu!

LE DUC, à lui-même.

C'est singulier : Je ne connais pas une seule femme à la cour qui ait cette taille-là.

LA DUCHESSE, à part.

Il ne me reconnaît pas!

LE DUC.

Ah ça! mon joli domino, pouvez-vous me dire comment il se fait que vous soyez si bien avec la police? car enfin, c'est pour vous avoir suivie dans le bal que je me suis vu contraint de fuir devant ses agens. Nous n'aimons donc pas à être troublée dans nos fantaisies, ou nous avons affaire à quelque jaloux impitoyable qui a mis son honneur sous la sauve-garde de l'autorité? Parbleu! s'il craint tant de se voir ravir un bien que tout le monde doit lui envier, que n'y veille-t-il lui-même? Au reste, il y veillait peut-être, et, en observant mes démarches, en remarquant mon obstination à vous poursuivre...

LA DUCHESSE, à part.

C'était lui! ah! si je l'avais su!

LE DUC.

Il m'aura pris pour l'amant dont il fallait s'assurer et pendant ce temps-là vous vous en alliez avec un autre. Les maris sont comme la police, ils n'ont pas la main heureuse. Au reste, s'il se défie de moi, il a raison car je n'ai pu vous voir sans me sentir épris d'un amour que... Croyez-vous aux passions subites, instantanées?

LA DUCHESSE.

Non.

LE DUC.

C'est dommage, j'aurais eu moins de peine à vous convaincre... j'y parviendrai cependant car le sentiment que vous m'avez inspiré est profond, durable, éternel. Je pourrais bien vous dire que, je me suis servi de ce jeune homme pour vous attirer ici; mais ce serait inutile; non: vous savez trop bien à quoi vous en tenir là-dessus. Vous êtes ici et...

LA DUCHESSE, vivement.

C'est la première fois que j'y viens, Monsieur.

LE DUC.

C'est juste. Et la première fois aussi que vous voyez ce jeune homme.

LA DUCHESSE.

Je vous l'assure.

LE DUC.

Malheureusement, il y a là une petite table indiscrète qui trahit une intimité assez rare à une première vue.

LA DUCHESSE.

Cette table... j'ignore absolument...

LE DUC.

Ah! vous auriez bien un moyen de me prouver que vous ne veniez pas souper avec lui.

LA DUCHESSE.

Lequel?

LE DUC.

Ce serait de souper avec moi.

LA DUCHESSE.

Vraiment? (A part.) Si je l'osais!

LE DUC.

Vous voyez, je ne demande pas mieux que de vous croire.

LA DUCHESSE.

Y songez-vous, Monsieur? une pareille intimité ne s'établit jamais à une première vue, vous le disiez tout à l'heure.

LE DUC.

Oh! c'est la seconde fois que nous nous rencontrons.

LA DUCHESSE.

Vous n'y pensez pas; en l'absence de ce jeune homme.

LE DUC.

C'est bien plus piquant.

LA DUCHESSE, à part.

Ah! comme il est perverti!

LE DUC.

Voilà qui vous justifierait pleinement, et j'aurais en vous une confiance sans bornes, et je croirais aveuglément tout ce qu'il vous plairait de me raconter, sans y ajouter de questions. D'abord je suis d'une nature confiante et ingénue; on me l'a toujours dit.

LA DUCHESSE.

Ce sont souvent celles-là qui trompent.

LE DUC, lui baisant la main en la faisant asseoir sur la chaise près de laquelle il l'a attirée.

Eh! mon Dieu! fait-on autre chose dans le monde?

LA DUCHESSE, à part.

Oh! M. le Duc, quelle leçon vous mériteriez!

LE DUC, s'asseyant à table auprès de la Duchesse et commençant à manger.

J'ai fait vœu de m'abstenir de questions, et je me contenterai de mon bonheur, sans chercher à deviner de qui je le tiens. On n'est pas plus discret que je prétends l'être, et pour preuve, je ne vous demanderai pas quel rôle le docteur Méchin joue dans tout ceci: cela ne me regarde pas.

LA DUCHESSE.

C'est mon oncle, Monsieur.

LE DUC.

Et vous êtes ici chez un cousin; je n'avais pas pensé à cela.

LA DUCHESSE.

Oui, Monsieur... Je ne me doutais guère, il y a une heure, de la position dans laquelle j'allais me trouver.

LE DUC.

C'est cela, le hasard... un événement imprévu...

LA DUCHESSE.

Précisément.

LE DUC.

Je gage que vous n'êtes pas de Paris.

LA DUCHESSE, à part.

Tâchons de le dérouter complètement. (Haut.) En effet, j'y suis étrangère, et je vis fort retirée dans la province que j'habite, le Périgord... avec mon mari... un marchand de draps, que j'aime de tout mon cœur, et qui ne mérite pas, peut-être tout-à-fait, l'amour que je lui porte.

LE DUC.

C'est toujours comme ça.

LA DUCHESSE.

Je n'ai jamais vu le monde, je n'ai pas l'esprit qu'il faut pour y briller. Un intérêt de famille... un procès m'a amenée à Paris. Comme l'issue en est encore éloignée, et que mon mari m'oublie dès que je ne suis plus là, j'ai pris le parti de retourner auprès de lui. Avant de m'éloigner, cependant, j'ai eu le désir de voir le bal de l'Opéra; j'y suis allée en compagnie du docteur et d'une dame de mes parentes. C'est mal, sans doute, car mon mari ne le sait pas; mais je compte bien le lui apprendre un jour. Là, dans ce tumulte, dans ce monde au milieu duquel je me trouve pour la première fois, je me suis sentie étourdie, étouffée, et quand je suis revenue à moi, j'étais ici, chez ce jeune... chez mon cousin, dont le dévouement m'avait arrachée du milieu de la foule.

LE DUC.

C'est extrêmement intéressant. Franchise pour franchise. Je suis un gentilhomme limousin, dont le père, après avoir servi le roi pendant quarante ans, reçoit de la munificence de l'Etat une pension qui ne lui suffit pas pour vivre... L'exemple paternel m'a inspiré du goût pour le service. Je suis venu à Paris pour quelques jours dans l'intention de solliciter une compagnie que j'offre d'habiller à mes frais... si je trouve du crédit. Je suis marié aussi... mais c'est comme si je ne l'étais pas... Ma femme est une excellente personne qui comprend à ravir sa position, et qui se contente de la part d'amour que je lui ai faite... Cette part, je la lui ai promise toujours la même; moyennant quoi elle me laisse parfaitement libre du reste

LA DUCHESSE.

Ah!

LE DUC.

C'est une convention entre nous.

LA DUCHESSE.

Réciproque?

LE DUC.

Ça la regarde.

LA DUCHESSE, à part.

Je vous le rappellerai.

LE DUC.

Je suis venu au bal fort désœuvré; je vous y ai aperçue presque aussitôt; je vous y ai suivie par la raison que vous seule méritiez de fixer mes regards, et je suis monté ici parce qu'un pressentiment secret me disait que je vous y trouverais.

LA DUCHESSE.

Ah! cette dernière circonstance me garantit la sincérité du reste.

LE DUC.

Maintenant que nous nous sommes fait une mutuelle confidence de notre véritable position, voici une petite bague que je vous prie de porter pour l'amour de moi; elle servira à nous reconnaître dans le monde.

LA DUCHESSE.

Vous supposez donc que nous pouvons nous y rencontrer? Mais nous n'habitons Paris ni l'un ni l'autre, et ce que vous m'avez dit de votre départ, de votre compagnie à habiller?

LE DUC.

C'était pour employer les draps de votre mari.

LA DUCHESSE, étouffant son rire.

Ah! c'est là la confiance que vous m'aviez promise!

LE DUC.

Eh! qu'importe? si je ne cherche pas à savoir qui vous êtes.

LA DUCHESSE.

Mais je veux que l'on me croie.

LE DUC.

Je ne suis pas si exigeant que vous, et je fais bon marché de mon récit.

LA DUCHESSE.

C'est-à-dire qu'il ne contient pas un mot de vérité.

LE DUC.

Hors mon amour, je vous permets de douter de tout le reste. Mais cet amour, si discret qu'il respecte le masque qui vous cache et le mystère dont il vous plaît de vous entourer, mérite peut-être une récompense. Il la demande; il l'implore pour prix de son silence... car, enfin, il a surpris la moitié d'un secret.

LA DUCHESSE.

Monsieur...

LE DUC.

Et pour qu'il ne cherche pas à deviner l'autre, pour qu'il se taise, ce n'est pas trop d'un baiser.

LA DUCHESSE.

Monsieur...

LE DUC.

Oh! un baiser donné par une dame périgourdine à un gentilhomme limousin, ça ne compromet personne.

LA DUCHESSE.

Laissez-moi.

LE DUC.

Et comme je suis sûr que nul ne s'en formalisera... (Il l'embrasse.)

SCÈNE VII.

LES MÊMES, CHARLOT.

CHARLOT.

Voilà le carrosse... Ah!..

LE DUC, à part.

Au diable l'imbécille!

LA DUCHESSE.

Que va-t-il penser?

CHARLOT, à part.

Eh bien! c'est gentil!.. Elle est donc sortie tout exprès pour ça? Ah! ah! (Au Duc, avec force.) Vous pouvez vous en aller...

LE DUC.

Pardieu! mon cher, vous êtes heureux!

CHARLOT.

D'être revenu?

LE DUC.

D'abord, et puis...

CHARLOT.

Oui, mon cher... Monsieur, je suis heureux... ou si je ne le suis pas, je le serai... parce qu'avant, j'étais... mais à présent que je sais... Ah! ah! c'est comme ça?.. Faites-moi le plaisir de vous en aller.

LE DUC.

Vous croyez peut-être?..

CHARLOT, à part.

Et moi qui n'osais pas lui baiser la main. Ah! ah! (Haut.) Je ne vous demande qu'une chose, c'est de me faire l'amitié... (Apercevant la table.) Ah! qui est-ce qui a mangé mon souper? Eh bien! voilà qui est joli! on a soupé!

(Le Duc se détourne en riant.)

LA DUCHESSE, à part.

O mon Dieu! comment lui expliquer?..

CHARLOT, à la Duchesse.

On a parfaitement soupé... et à deux encore!.. Est-ce que, par hasard, ce serait Madame, qui, avec Monsieur?.. Oh! (Au Duc.) Est-ce que vous pensez que ça va se passer comme ça? Nous devions nous battre ce matin, mais je veux me battre tout de suite... Je vais vous faire conduire en prison... Je vais faire appeler la garde... justement j'ai rencontré une patrouille.

LE DUC.

Arrêtez!

LA DUCHESSE.

Monsieur !

CHARLOT, au Duc.

Laissez-moi tranquille !

LE DUC.

Arrêtez !

CHARLOT.

Je suis exaspéré !

LA DUCHESSE, bas.

C'est mon mari.

CHARLOT.

Hein ?

LE DUC, bas.

Je suis le duc de Valois.

CHARLOT.

Oh !.. j'ai des éblouissemens... Voulez-vous me faire l'amitié de me donner une chaise ?.. Je n'ai pas de fauteuils.

LE DUC, après un silence.

Savez-vous, mon cher, que vous prenez les choses au tragique ? Il n'est ni convenable, ni galant de faire tout ce bruit devant une belle dame qui consent, pour vous, à monter vos six étages.

CHARLOT, à part.

Bon ! s'il savait que c'est sa femme, à présent !

LE DUC.

Vous devriez apprendre à la respecter davantage. D'honneur ! ce n'est pas bien. Voyez, vous l'avez effrayée. (Il s'approche de la Duchesse, et lui dit bas, en lui baisant la main.) Pourrai-je vous revoir ? (Bas à Charlot.) Mon cher, ces choses-là arrivent tous les jours. D'ailleurs, de quoi s'agit-il, après tout ? D'un souper sans conséquence, auquel je me suis convié malgré Madame. Parbleu ! je ne vous trouve point à plaindre : vous êtes aimé. Vous me l'avez dit.

CHARLOT.

Moi ? (A part.) Ah ! me voilà bien ! (Haut.) Oh ! j'ai dit... vous savez, comme on dit...

LE DUC.

Et vous restez ? (Il regarde sa montre.) Quatre heures du matin, je voudrais bien être à votre place.

CHARLOT.

Ah ! oui, vous dites ça, parce que vous croyez certainement... mais pas du tout... au contraire. (A part.) Oh ! quelle position ! il s'imagine... je n'ai pas une goutte de sang dans les veines.

LE DUC.

Vous restez, et je pars n'emportant qu'un souvenir. (Bas du côté de la Duchesse.) Et une espérance.

CHARLOT, à part.

Il s'en va ! (A la Duchesse.) Dites donc, il s'en va ! (Au Duc et en le retenant.) Permettez... non... pardon... je serais bien aise... je tiens beaucoup... certainement, vous y mettez une délicatesse ; mais de mon côté... (A part.) Oh ! s'il vient jamais à apprendre que sa femme...

LE DUC.

Vous me retenez ?

CHARLOT.

Oui... oui... je vous retiens.

LE DUC.

Vous fermez la porte ?

CHARLOT.

Oui, je... je la ferme parce que... comme ça, étant ici... vous êtes bien sûr.

LA DUCHESSE, bas à Charlot.

Laissez-le donc partir.

CHARLOT, de même.

Merci, pour qu'il s'imagine que vous avez passé ici... on ne lui ôterait plus ça de la tête... merci. (Haut au Duc.) D'abord je dois vous dire que si vous sortez, je tiens essentiellement à vous accompagner.

LE DUC.

Vous ?

CHARLOT.

Nous ferons route ensemble, tous les deux.

LA DUCHESSE, bas.

Comment ? y pensez-vous ? et moi ?

CHARLOT.

Tous les trois, c'est encore mieux, et même si vous avez un petit coin de logement à me donner jusqu'à demain matin, pour moi tout seul, comme ça, vous serez encore plus sûr, je vas chercher mon chapeau.

LE DUC.

Merci, je n'ai pas besoin de vous, à moins que Madame...

CHARLOT.

Pardon, je ne vous quitterai pas, je vais chercher mon chapeau.

LA DUCHESSE, à part.

Malheureux ! il va me compromettre, me découvrir avec sa frayeur, ah ! si j'osais.

(Elle pousse sur Charlot, la porte du cabinet dans lequel il est entré.)

LE DUC, se retournant.

Seuls ! parbleu ! il serait charmant de la souffler à cet imbécille.

CHARLOT, du dedans.

Attendez-moi.

LE DUC.

Voulez-vous accepter mon bras, Madame.

LA DUCHESSE.

Le vôtre !

LE DUC.

Vous le pouvez sans crainte.

LA DUCHESSE.

Mais mon cousin...

LE DUC.

Il nous suit.

LA DUCHESSE.

Vous croyez ?

LE DUC.

Le hasard me favorise.

LA DUCHESSE.

Que le ciel me protége !

LE DUC.

Où faut-il vous conduire ?

LA DUCHESSE.

Chez le docteur Méchin.

(Ils disparaissent rapidement par le fond.)

SCÈNE VIII.

CHARLOT, seul, du cabinet.

Attendez-moi ! je suis enfermé. (Il pousse violemment la porte.) Partis !.. (Il court barricader la porte du fond.) Ils sont partis ! ah bah ! tous les dieux! (Il court à table et avale de suite deux ou trois verres d'eau.) Ils montent en carosse... ils s'éloignent... si jamais on me rattrape au bal de l'Opéra... qui est-ce qui aurait pensé que j'avais chez moi une duchesse comme celle-là? et dire que j'étais exposé... il me prend des sueurs froides quand je pense à ça, heureusement qu'à présent... ah! ah! ce brave Duc qui s'en va avec sa femme, et qui ne se doute pas... je crois que le plus prudent, c'est de déloger, et vite... de quitter Paris... parce que tôt ou tard on saura... Je vais faire mon paquet, ça ne sera pas long... ah! ah! si jamais on me rattrape au bal de l'Opéra!.. Deux chemises d'hommes, trois paires de bas, mon petit habit... c'est une aventure qui me ferait bien de l'honneur dans le monde, si ça se savait; mais ce n'est pas moi qui le dirai. Ma bourse... avec l'Opéra et le souper... il me reste 8 livres 16 sols... ce sera pour mon propriétaire, à présent... (On frappe au fond.) Qu'est-ce que c'est que ça?

UNE VOIX, du dehors.

Ouvrez, au nom du Roi!

CHARLOT.

Miséricorde! est-ce qu'on sait déjà? (Il ouvre.) Je suis perdu!

SCÈNE IX.

CHARLOT, UN EXEMPT, SOLDATS.

ENSEMBLE.

AIR : Ah! tant de mystère. (HOCHET D'UNE COQUETTE.)

Il faut sans plus attendre,
Nous suivre sans façons,
Et sur-le-champ vous rendre,
Où nous vous conduisons.
Suivez-nous où nous vous conduisons.

CHARLOT.

C'en est donc fait! cette nuit si gentille,
Finit, hélas! par un ordre du Roi!
Je sens déjà, de l'affreuse Bastille,
Les verroux se fermer sur moi.

REPRISE DE L'ENSEMBLE.

Il faut sans plus attendre, etc.

CHARLOT.

Je dois sans plus attendre,
Vous suivre sans façons,
Et sur-le-champ, me rendre.
Ces messieurs sont trop bons.

FIN DU DEUXIÈME ACTE.

ACTE III.

Un salon des appartemens de la Duchesse. A gauche, une porte ouvrant sur la salle d'attente. A droite, une porte ouvrant sur la chambre à coucher de la Duchesse. Au fond, une porte ouvrant sur une galerie qui conduit à l'appartement du Docteur.

SCÈNE I.

LA DUCHESSE, seule.

(Elle ouvre doucement la porte de la galerie, passe la tête, regarde, puis entre précipitemment.)

Enfin! (Elle referme vivememt la porte sur elle.) Il n'a aucun soupçon; de l'escalier du docteur j'ai pu gagner la porte secrète. Il m'a semblé en arrivant à cette galerie que quelqu'un montait sur mes pas... mais on n'a pu ni me voir, ni m'entendre, car j'ai redoublé de vitesse, et... (Regardant autour d'elle.) Personne! ah! personne! (Elle traverse rapidement le théâtre et entre chez elle.)

SCÈNE II.

LE DOCTEUR, entrant par la porte du fond.

Me laisser toute une nuit dans l'inquiétude la plus affreuse, ne pas me rassurer par un message, un mot, quand on savait que je ne pouvais m'adresser à personne au palais sans faire naître des soupçons, il faut que je vienne moi-même m'informer; mais à qui? Mlle de Luce n'est pas dans son appartement à cette heure-ci, contre son habitude; c'est étrange, je ne comprends pas que, connaissant mon amour pour elle, et mon dévouement à la Duchesse, elle n'ait pas songé... (Il se retourne et aperçoit Mlle de Luce qui entre par la porte secrète.) Ah!

SCÈNE III.

LE DOCTEUR, Mlle DE LUCE, en coiffe, une mante sur ses épaules.

Mlle DE LUCE, très émue, refermant la porte sur elle et sans voir le Docteur.

On vient d'arrêter ce jeune homme... il est ici. (Apercevant le Docteur.) Ah!

LE DOCTEUR.

Mlle de Luce! vous ne vous attendiez pas à me trouver ici, Mademoiselle; de mon côté, j'avoue que je suis surpris... vous n'avez pas l'habitude de sortir d'aussi bonne heure, et par un escalier dérobé.

Mlle DE LUCE.

Non, en effet, je rentre.

LE DOCTEUR.

Ah! vous rentrez seulement?

Mlle DE LUCE.

Je veux dire que j'ai pris cet escalier, afin de n'être vue de personne, vous voyez que cela ne m'a pas réussi.

LE DOCTEUR.

Non, aussi en paraissez-vous un peu embarrassée, contrariée. Qui donc cause cette étrange émotion?

Mlle DE LUCE.

Mme la Duchesse.

LE DOCTEUR.

Alors, elle aura peut-être la bonté de m'apprendre.

Mlle DE LUCE.

Mme la Duchesse n'est pas chez elle.

LE DOCTEUR.

Sortie aussi?

Mlle DE LUCE.

Elle n'est pas rentrée.

LE DOCTEUR.

Qu'est-ce que vous dites? hors de chez elle toute la nuit?

Mlle DE LUCE.

Je ne l'ai pas revue depuis qu'au bal, la foule en me jetant près de la porte, m'a séparée d'elle, ou plutôt depuis que ce carrosse l'a emportée.

LE DOCTEUR.

Hein? comment? un carrosse?

Mlle DE LUCE.

J'ai fait aussitôt prévenir le lieutenant de police, sans toutefois compromettre le nom de Son Altesse.

LE DOCTEUR.

Égarée! Mme la Duchesse! c'est impossible.

Mlle DE LUCE.

Il a passé devant moi... mais on vient de l'arrêter... il est ici.

LE DOCTEUR.

Qui?

Mlle DE LUCE.

Ce jeune homme qui l'a emportée.

LE DOCTEUR.

Un jeune homme! je suis anéanti, et vous ne m'avez pas fait prévenir? enfin, ce ravisseur, il est ici, il faut l'interroger, il faut que les plus affreuses tortures...

Mlle DE LUCE.

Chut!

LE DOCTEUR.

Quoi?

Mlle DE LUCE.

On marche.

LE DOCTEUR.

Où donc?

Mlle DE LUCE.

Dans la galerie qui mène à l'escalier dérobé.

LE DOCTEUR.

C'est elle.

Mlle DE LUCE.

Je respire.

LE DOCTEUR, courant à la porte.

Enfin, c'est donc vous?

SCÈNE IV.

LES MÊMES, LE DUC.

LE DUC, paraissant.

Eh bien! oui, c'est moi!

Mlle DE LUCE, à part.

Son Altesse!

LE DOCTEUR, à part.

Le Duc!

LE DUC.

Il paraît que ce n'est pas précisément moi que vous attendiez.

LE DOCTEUR, balbutiant.

C'est-à-dire, Monseigneur... (A part.) J'ai une sueur froide. (Haut.) Votre Altesse a donc quitté le camp de Compiègne sans que personne...

LE DUC.

Oui, j'aime les surprises... et vous, Docteur?

LE DOCTEUR.

C'est selon... Certainement, celle-ci est une des plus agréables qui... (A part.) Je bégaie horriblement!

LE DUC.

Et à qui s'adressaient ces paroles de tout à l'heure?

LE DOCTEUR.

Est-ce que j'ai dit quelque chose? Ah! ces paroles? à un de mes gens que j'avais envoyé chez moi, par l'escalier dérobé.

LE DUC.

Il communique à votre appartement, n'est-ce pas?

LE DOCTEUR.

Oui, en effet... et comme j'attendais quelqu'un ce matin, j'étais impatient de savoir...

LE DUC.

Si la personne était rentrée... arrivée, veux-je dire...

LE DOCTEUR.

Précisément.

LE DUC.

Oui, je conçois.

Mlle DE LUCE, à part.

Oh! mon Dieu! se douterait-il?.. Je tremble...

LE DUC, à part.

Ou je me trompe fort, ou c'est mon petit domino qui vient de laisser tomber ce médaillon dans la galerie... il demeure au palais. Parbleu! je le connaîtrai. Mais j'oublie que je dois, avant tout, me montrer époux impatient et empressé. (Haut.) Savez-vous, Docteur, que je viens de faire dix-neuf lieues en trois heures et demie? D'honneur, je mérite de servir de modèle à nos maris, et quand la Duchesse apprendra...

LE DOCTEUR, à part.

Ah! mon Dieu!

Mlle DE LUCE, à part.

Nous sommes perdus!

LE DOCTEUR.

Certainement, Monseigneur; mais je dois vous avouer... (A part.) Comment me tirer de là? (Haut.) Mme la Duchesse était un peu souffrante, hier soir, n'est-ce pas?

Mlle DE LUCE.

En effet.

LE DUC.

Souffrante? et vous ne me le dites pas!

LE DOCTEUR.

Oh! quand je dis souffrante, pas assez pour renoncer à sa promenade du matin.

LE DUC.

La Duchesse, matinale? elle est donc bien changée?

LE DOCTEUR.

Oh! l'ennui de l'absence... Elle sort habituellement à six heures. Elle n'est jamais chez elle à cette heure-ci, et...

(La sonnette de la Duchesse se fait entendre.)

LE DOCTEUR, à part.

Hein?

Mlle DE LUCE.

Rentrée! la sonnette de la Duchesse!

LE DUC.

Il paraît qu'elle déroge déjà à ses habitudes.

LE DOCTEUR.

Oui... en effet. (A part.) Je n'y comprends plus rien.

Mlle DE LUCE, à part.

Rentrée !.. je m'y perds.

(Elle entre furtivement chez la Duchesse.)

LE DOCTEUR.

Il faut qu'un secret pressentiment l'ait retenue. (A part.) Qu'est-ce que Mlle de Luce est donc venue me conter ?

LE DUC.

Savez-vous, Docteur, que je vous trouve quelque chose de singulier, ce matin ? vous n'êtes pas dans votre assiette ordinaire... vous êtes pâle, très pâle !

LE DOCTEUR.

C'est que j'ai passé une très mauvaise nuit.

LE DUC.

Sur laquelle vous ne comptiez pas ?

LE DOCTEUR.

Non ; je ne me suis pas couché.

LE DUC.

Vous êtes si passionné pour votre art, que vous lui faites aisément le sacrifice de votre repos. Vous aurez veillé auprès de quelque malade ? sur quelque fauteuil ?

LE DOCTEUR.

Oui... en effet.

LE DUC.

Et je vous vois d'ici fort agité, fort inquiet.

LE DOCTEUR.

Je n'étais pas à mon aise, je l'avoue.

LE DUC.

Avez-vous de la famille ?

LE DOCTEUR.

Si je... non... quelques parens éloignés.

LE DUC.

Quelque neveu ou nièce... J'en prendrai soin.

LE DOCTEUR.

De ma...

LE DUC.

De votre neveu.

LE DOCTEUR, à part.

Que diable a-t-il à me parler de cet animal-là ?

SCÈNE V.

LES MÊMES, Mlle DE LUCE.

Mlle DE LUCE.

Mme la Duchesse attend Son Altesse.

LE DUC.

Ah ! Mlle de Luce, je vous en veux de l'avoir prévenue. (Bas au Docteur.) Vraiment, Docteur, vous devriez vous ménager davantage, et si vous m'en croyez, vous ne vous exposerez plus à passer des nuits comme celle-ci.

(Il entre chez la Duchesse.)

SCÈNE VI.

LE DOCTEUR, Mlle DE LUCE.

LE DOCTEUR.

Que veut-il dire ? (A Mlle de Luce.) Ah ça ! Mademoiselle, m'expliquerez-vous ?..

Mlle DE LUCE.

Oh ! Monsieur, ne me retenez pas, je vous en supplie !.. elle est perdue, si je ne retrouve pas...

LE DOCTEUR.

Quoi donc ?

Mlle DE LUCE.

Hâtez-vous de voir ce jeune homme, qu'il soit libre, qu'on le renvoie, qu'on le traite avec les plus grands égards... la Duchesse le veut ainsi.

LE DOCTEUR.

La Duchesse ?

Mlle DE LUCE.

Chargez-vous de ce soin ; moi, pendant ce temps, je vais parcourir cette galerie.

LE DOCTEUR.

Mais encore... (Mlle de Luce sort.)

SCÈNE VII.

LE DOCTEUR, seul.

Le traiter avec égards ! cela dit tout... et si le Duc était ramené par des soupçons ?.. Il m'a regardé d'une manière... Je suis sur la route de la Bastille.

SCÈNE VIII.

LE DOCTEUR, CHARLOT, les yeux bandés et conduit par UN DOMESTIQUE.

LE DOMESTIQUE, à Charlot qu'il conduit.

Par ici.

LE DOCTEUR, à part.

Ce jeune homme... grand Dieu ! si quelqu'un l'apercevait ! (Au Domestique.) C'est bien ! je sais... laissez-nous, allez !

SCÈNE IX.

LE DOCTEUR, CHARLOT.

LE DOCTEUR, courant à Charlot, et lui ôtant son bandeau.

Sauvez-vous, imprudent ! (Reculant de surprise.) Charlot !

CHARLOT.

Mon oncle !

LE DOCTEUR.

Charlot !

CHARLOT.

C'est vous qui m'avez envoyé chercher, mon oncle ?

LE DOCTEUR.

Qu'est-ce qu'ils ont fait ? on s'est trompé.

CHARLOT.

Ce n'est pas moi que vous attendiez ?

LE DOCTEUR.

Il y a ici une erreur, une méprise.

CHARLOT.

C'est ce que je dis.

LE DOCTEUR.

Il est impossible...

CHARLOT.

N'est-ce pas? vous avez raison de prendre mon parti; j'étais bien sûr que vous me défendriez, que vous ne me croiriez pas capable... D'abord, quand ils sont venus chez moi, elle n'y était plus.

LE DOCTEUR.

Elle y a donc été?

CHARLOT.

Je ne dis pas ça.

LE DOCTEUR.

Elle y a été?

CHARLOT.

Je n'avoue rien.

LE DOCTEUR.

Et c'est bien pour toi, chez toi, que... Tu n'es pas dans tout ceci, un agent, un complice?

CHARLOT.

Par exemple! pour qui me prenez-vous?

LE DOCTEUR.

On ne t'a pas soudoyé?

CHARLOT.

Soudoyé? j'avais 8 livres 16 sols que j'ai laissés pour payer mon terme.

LE DOCTEUR.

C'est à en devenir fou! et sais-tu, malheureux, à quoi tu t'es exposé? sais-tu que si je disais un mot, il n'y aurait pas pour toi de cachot assez sombre, assez profond!

CHARLOT.

Ah! mon oncle! ah! par exemple, je ne vous crois pas capable...

LE DOCTEUR.

Oui, tu réfléchis, maintenant... tu as peur!

CHARLOT.

Pardine! si vous croyez que vous me rassurez.

LE DOCTEUR.

C'était hier qu'il fallait réfléchir.

CHARLOT.

Ah! mon oncle! si vous saviez quelle nuit j'ai passée!

LE DOCTEUR.

Chut! malheureux, que vas-tu dire? oses-tu bien te vanter dans ces demeures royales?.. tu veux donc te perdre? Crois-tu que le Duc te pardonnerait une pareille offense?

CHARLOT.

Le Duc? qu'est-ce que je lui ai fait? Je ne le connais pas.

LE DOCTEUR.

Que dis-tu? puisque la Duchesse...

CHARLOT.

La Duchesse? je ne la connais pas.

LE DOCTEUR.

Qui donc était chez toi?

CHARLOT.

Personne; elle n'y était plus, il n'y avait personne.

LE DOCTEUR.

Pas si haut, malheureux! sauve-toi, le Duc est là.

CHARLOT.

Je ne suis donc pas chez vous?

LE DOCTEUR.

Tu es chez Son Altesse.

CHARLOT.

Il est là? Ah! mon oncle, vous avez eu tort de me dire ça sans préparation, je ne peux plus m'en aller.

LE DOCTEUR.

Pourquoi?

CHARLOT.

La frayeur me fait toujours cet effet-là... ça me descend dans les jambes.

LE DOCTEUR.

Sauve-toi! Il n'a pas même l'énergie de sa position. On vient! nous sommes perdus!

SCÈNE X.

LES MÊMES, LE DUC.

LE DUC, à lui-même.

La Duchesse a paru plus émue que touchée. Règle générale : il ne faut jamais surprendre sa femme.

LE DOCTEUR, bas à Charlot, qui reprend courage.

Va-t'en donc!

LE DUC, à part, les apercevant.

Mon homme de la rue de l'Échelle!

CHARLOT, s'arrêtant au moment où il allait sortir.

Il m'a vu!

LE DOCTEUR, à part.

Nous sommes pris!

LE DUC, à lui-même.

Il vient réclamer son domino. Comment est-il entré? et le Docteur qui est là!

LE DOCTEUR.

Je sens que je perds contenance.

CHARLOT.

C'est moi qui suis indisposé.

LE DUC.

Ah! vous êtes encore ici, Docteur? Quel est ce jeune homme?

CHARLOT, à part.

C'est fini, il vient à moi.

LE DOCTEUR, tremblant.

Ce jeune homme...

LE DUC.

Oui... comment se trouve-t-il dans ce salon? (Bas à Charlot.) N'ayez pas l'air de m'avoir déjà vu.

CHARLOT.

Hein?

LE DOCTEUR.

Je ne pourrais l'expliquer à Son Altesse, je ne le connais pas.

CHARLOT.

Monseigneur, je suis venu voir mon oncle.

LE DOCTEUR, à part.

Que le diable l'emporte!

LE DUC.

Vous avez un oncle au Palais?

CHARLOT.

Oui, mon oncle Méchin, que voilà, et qui m'est bien attaché, allez.

LE DOCTEUR, s'en défendant avec vivacité.

Moi! oh!

LE DUC.

Ah! le docteur est votre oncle? (A part.) Cela m'explique la présence de mon domino dans la rue de l'Echelle. Ce pauvre Méchin! fiez-vous donc à la parenté... au respect. (Il rit.) Vous ne m'aviez jamais parlé de ce jeune homme, je crois.

LE DOCTEUR.

C'est qu'il m'intéresse si peu.

LE DUC, bas à Charlot.

Je vous l'expliquerai, je l'ai conduite jusqu'au Palais-Royal.

CHARLOT.

Ah!

LE DUC.

Nous vous croyions derrière nous.

CHARLOT, à part.

Il ne se fâche pas!

LE DUC, bas.

Silence!

CHARLOT, à part.

Il ne se doute de rien.

LE DUC, à part.

Je voudrais bien me débarrasser de lui. (Haut.) Vous avez eu tort de ne pas me présenter votre neveu... Sonnez. J'aurais pu lui être utile. (Au domestique qui entre.) J'entends que ce jeune homme reste au palais.

LE DOCTEUR, à part.

Hein?

LE DUC.

Qu'on ait pour lui des égards.

LE DOCTEUR, à part.

Lui aussi!

LE DUC.

Les plus grands soins.

LE DOCTEUR, à part.

Je suis confondu.

LE DUC.

C'est vous que je charge d'y veiller, docteur; il a droit à votre sollicitude, et je crois que de son côté, il porte un grand intérêt à ce qui vous touche.

LE DOCTEUR, à part.

Vraiment, Monseigneur, je ne sais plus que penser.

LE DUC, bas à Charlot.

Le plus grand secret sur ce qui s'est passé.

CHARLOT, bas au docteur.

Qu'est-ce que vous me disiez donc? si ça doit toujours marcher comme ça, vous avez eu une fameuse idée en m'envoyant chercher.

(Il sort avec le domestique.)

SCÈNE XI.

LE DUC, LE DOCTEUR.

LE DOCTEUR, à part.

Il n'a pas le moindre soupçon, il paraît qu'il en est de même dans toutes les classes de la société.

LE DUC, à part.

Comment forcer Méchin à me dire si ce médaillon appartient à la dame au domino rose? bah! il ne se contraindra pas si bien que je ne le devine. (Haut.) Savez-vous, docteur, qu'à votre place je ne serais pas tranquille?

LE DOCTEUR, à part.

Et moi donc, à la sienne! (Haut.) Comment cela, Monseigneur?

LE DUC.

Vous ne cachez pas si bien vos bonnes fortunes qu'on ne les soupçonne quelquefois, et les moyens de les soustraire à toute influence fâcheuse, quand on a près de soi un jeune homme? Mon cher, votre neveu est bien jeune.

LE DOCTEUR.

Lui, Monseigneur? oh! en supposant que j'eusse, en effet, quelqu'affaire de cœur.

LE DUC.

Ah! ce n'est qu'une supposition.

LE DOCTEUR.

Je serais bien sûr...

LE DUC.

C'est toujours comme cela; au reste, vous n'êtes pas défiant, et c'est la marque d'une grande âme.

LE DOCTEUR.

Au contraire, je me pique d'être en amour d'une surveillance assez rigoureuse; je ne crois pas qu'il soit facile de me donner le change.

LE DUC.

Je gage que vous n'avez jamais été trompé?

LE DOCTEUR.

J'ose dire jamais, jusqu'à ce jour.

LE DUC.

Vous avez bien fait d'ajouter ça, on peut répondre du passé, c'est déjà assez téméraire; quant à l'avenir, et même au présent, mon cher, vous devez trembler, car avec le bonheur qui vous a toujours accompagné, vous avez en ce moment de grandes chances.

LE DOCTEUR.

Votre Altesse en parle avec une assurance...

LE DUC.

C'est un calcul de probabilités que je fais en votre faveur; les femmes sont si bizarres!

LE DOCTEUR.

Elles ont tant de ressources dans l'esprit.

LE DUC.

Qu'on ne peut jamais être tranquille.

LE DOCTEUR.

Et qu'au moment où l'on s'y attend le moins.

LE DUC.

Il nous tombe du ciel une surprise.

(Il met sous les yeux du docteur le médaillon qu'il avait dans sa poche.)

LE DOCTEUR, d'un air radieux.

Ah! elle vous l'a donné?

LE DUC.

Donné? comment?

LE DOCTEUR.

Ce médaillon.

LE DUC.

Vous le connaissez?

LE DOCTEUR.

Celui de Madame la Duchesse.

LE DUC.

De la Duchesse?

LE DOCTEUR.

Qu'elle a fait faire en votre absence, qui ne la quittait pas... vous avez dû le trouver bien ressemblant?

LE DUC.

Ressemblant? quoi donc?

LE DOCTEUR.

Ce portrait caché sous ces pierreries, et qu'en pressant le quatrième rubis...

LE DUC, ouvrant le médaillon.

Son portrait!.. ce médaillon ne la quittait pas, avez-vous dit?

LE DOCTEUR.

Elle l'avait encore hier au soir.

LE DUC.

Hier au soir? (Avec colère.) Méchin!

LE DOCTEUR.

Monseigneur?

LE DUC.

Vous mentez.

LE DOCTEUR.

Moi?

LE DUC.

Vous mentez, vous dis-je!

LE DOCTEUR.

Si Monseigneur y tient absolument...

LE DUC.

Quoi! pendant que je m'occupais d'une folle aventure. (A part.) La Duchesse aussi serait sortie ou rentrée par la porte secrète. (Haut.) Savez-vous où a été trouvé ce médaillon?

LE DOCTEUR, balbutiant.

Trouvé?

LE DUC.

A l'extrémité de cette galerie, dans l'escalier dérobé.

LE DOCTEUR, à part.

Aïe! qu'est-ce que j'ai fait là?

LE DUC.

Savez-vous à quelle heure? au point du jour! Et elle l'avait hier au soir, vous l'avez dit. Savez-vous par qui? par moi.

LE DOCTEUR, à part.

Je voudrais être à cent pieds sous terre.

LE DUC.

La Duchesse est donc sortie cette nuit; pourquoi?

LE DOCTEUR.

Elle fait tant de bien... si vous saviez!

LE DUC, à part.

Sortir seule la nuit... plus de doute! (Haut.) On me trompe, et vous le savez!

LE DOCTEUR.

Je vous jure...

LE DUC.

Vous le savez: vous me direz tout. Je ne vous pardonne qu'à ce prix votre complicité probable. Pas d'hésitation; songez-y; il s'agit d'une intrigue, n'est-ce pas, d'un amant?

LE DOCTEUR.

Oh! Monseigneur, quelle supposition! d'un adorateur tout au plus, d'un jeune insensé.

LE DUC.

Vous le connaissez.

LE DOCTEUR.

Je n'ai pas dit ça.

LE DUC.

Pas de demi-franchise. Vous le connaissez?

LE DOCTEUR.

Je n'avais que des soupçons, mais je l'ai fait arrêter.

LE DUC.

Quel qu'il soit, vous m'en répondez... quel qu'il soit, entendez-vous bien? Une lettre de cachet en fera justice... je vais vous la remettre. Attendez-là, qu'on s'assure de cet homme, et à la Bastille; lui ou vous: choisissez.

(Il entre chez la Duchesse.)

SCÈNE XII.

LE DOCTEUR, seul.

J'ai choisi. J'en suis fâché pour ce pauvre diable; mais il ne m'aurait pas offert sa place hier au soir, je ne la prendrai pas ce matin.

SCÈNE XIII.

LE DOCTEUR, CHARLOT, arrivant d'un air triomphant.

Ah! vous voilà, mon oncle? vous me voyez ravi: on me traite comme un prince: on m'a logé dans une lucarne; mais quelle lucarne!.. au-dessus d'appartemens magnifiques.

LE DOCTEUR.

Tu vas monter en carrosse.

CHARLOT.

Oh! vous me comblez!

LE DOCTEUR, à part.

Je vais toujours l'y faire conduire sans attendre l'ordre, pour plus de prudence; parce qu'une fois là, la place sera prise, et il vaut mieux pour lui que la lettre de cachet l'y trouve tout installé. (Au domestique qui entre.) Un carrosse de place.

CHARLOT.

Tiens, nous n'allons donc pas dans un carrosse à vous, mon oncle?

LE DOCTEUR.

Ne m'appelle plus ton oncle.

CHARLOT.

Ça va donc mal?

LE DOCTEUR.

Tu es perdu!

CHARLOT.

Comme vous me dites ça!

LE DOCTEUR.

Toi ou moi.

CHARLOT.

Tiens, nous pouvons changer! oh! alors, mon oncle, vous n'avez jamais rien fait pour moi, voilà l'occasion de vous montrer.

LE DOCTEUR.

Je me charge de te mettre en lieu sûr... Une fois là, on ne te trouvera pas facilement.

CHARLOT.

Vrai? vous vous intéressez à mon sort?

LE DOCTEUR, à voix basse au domestique qui rentre.

Emmenez-le ventre à terre, et à la Bastille.

CHARLOT, prenant la main du Docteur.

Ah! si vous saviez combien je suis touché...

LE DOCTEUR.

Nous n'avons pas de temps à perdre.

CHARLOT.

Il faut que je vous embrasse.

LE DOCTEUR, au Domestique.

Allez!

SCÈNE XIV.

LE DOCTEUR, LA DUCHESSE.

LA DUCHESSE, sortant de son appartement.
Où conduit-on ce jeune homme?

LE DOCTEUR.
Ici près, Madame. Croyez que c'est bien malgré moi...

LA DUCHESSE.
Mais où donc?

LE DOCTEUR.
A la Bastille.

SCÈNE XV.

LES MÊMES, Mlle DE LUCE, sortant de la galerie.

LA DUCHESSE.
A la Bastille? pourquoi? c'est à tort! je ne le veux pas! (Bas à Mlle de Luce.) Eh bien! ce médaillon?

Mlle DE LUCE.
Impossible de le retrouver.

LA DUCHESSE, à part.
Grand Dieu! s'il est resté rue de l'Échelle, ou si le hazard l'a fait tomber dans des mains étrangères, que va-t-on penser! (Haut.) Courez, Mlle de Luce, dites que l'on retienne ce jeune homme au palais, que je défends qu'on l'emmène.

LE DOCTEUR.
Y songez-vous, Madame? vous ignorez dans quel état d'exaspération est M. le Duc!

LA DUCHESSE.
Le Duc?

LE DOCTEUR.
Oui, je crois de mon devoir de vous prévenir que le basard l'a rendu possesseur...

LA DUCHESSE.
De quoi donc?

LE DOCTEUR.
D'un médaillon perdu cette nuit dans cette galerie.

LA DUCHESSE, à part, avec joie.
C'est lui qui la trouvé.... Je respire!

Mlle DE LUCE, à part.
Plus d'espoir! que va-t-il arriver, à présent?

LA DUCHESSE.
Faites ce que je vous ai dit, Mlle de Luce.

Mlle DE LUCE.
Comment la sauver?

LA DUCHESSE.
Allez, allez!

SCÈNE XVI.

LE DOCTEUR, LA DUCHESSE.

LE DOCTEUR.
Quoi! Votre Altesse persiste à vouloir retenir ici ce jeune homme? qu'elle me permette de lui faire observer que c'est d'une imprudence, après ce qui s'est passé.

LA DUCHESSE, froidement.
Je ne sais ce que vous voulez dire, Monsieur.

LE DOCTEUR, balbutiant.
Je pense que... je crains... (A part.) Elle n'a pas la moindre émotion.

SCÈNE XVII.

LES MÊMES, LE DUC.

LE DUC.
Tenez, Monsieur, voici l'ordre et... (A part.) La Duchesse! (Haut.) Allez, vous savez ce que je vous ai dit.

LE DOCTEUR, à part.
Lui ou moi, je ne l'oublierai pas.

SCÈNE XVIII.

LA DUCHESSE, LE DUC.

LE DUC.
Je joue de bonheur, Madame, j'allais me rendre à votre appartement dans l'espoir de vous y rencontrer.

LA DUCHESSE.
Je vous cherchais moi-même de ce côté.

LE DUC.
Vous me cherchiez? cela est-il bien sûr!

LA DUCHESSE.
Ah! vous doutez de mon empressement à vous voir! est-ce que je ne crois pas au vôtre?

LE DUC.
Oh! moi, Madame, j'ai fait mes preuves... quand on vient de Compiègne, en trois heures et demie, pour vous voir quelques minutes plus tôt.

LA DUCHESSE.
Ah! c'est juste... je ne dois pas oublier que c'est pour moi; vous avez dû partir du camp, de bien bonne heure?

LE DUC.
Oui, en effet, dans la nuit.

LA DUCHESSE.
Le Roi ira-t-il cette année?

LE DUC.
Je ne sais, on le dit. (A part.) Elle est d'un sang-froid qui me ferait perdre le mien. (Haut.) En vérité, Madame, vous me faites là des questions d'une indifférence... déjà ce matin, l'air de contrainte avec lequel vous m'avez accueilli, m'avait frappé, puis-je savoir à quoi je dois l'attribuer?

LA DUCHESSE.
Ah! vous m'avez trouvée distraite? en effet, j'étais préoccupée.

LE DUC.
De quoi?

LA DUCHESSE.
Oh! d'un accident sans importance.

LE DUC.
Mais encore?

LA DUCHESSE.
De rien, vous dis-je, de la perte d'un médaillon.

LE DUC.
Que vous avez l'habitude de porter sur vous, que vous aviez encore hier soir.

LA DUCHESSE.
En effet; comment savez-vous?

LE DUC.
Je l'ai trouvé, Madame.

LA DUCHESSE.
Dans ce salon?

LE DUC.
Non pas, sur l'escalier dérobé qui conduit à l'extérieur.

LA DUCHESSE, feignant la surprise.

Ah!

LE DUC.

Je ne veux point de bruit, point d'éclat, mais une explication franche et loyale, c'est ainsi qu'un mari qui se respecte, agit en pareil cas, vous êtes sortie cette nuit, Madame?

LA DUCHESSE.

Je ne le nie pas, et là-dessus vous me demandez compte de mes démarches, à moi, qui suis assez discrète pour ne pas m'informer des vôtres.

LE DUC.

Eh! les miennes, Madame, ne compromettent l'honneur de personne, vous le savez bien, mais la duchesse de Valois, sortant mystérieusement la nuit, de sa demeure, fait bon marché de sa renommée, et livre mon nom à la risée publique.

LA DUCHESSE.

Oh! M. le Duc, une pareille pensée a-t-elle pu vous venir?

LE DUC.

Vous l'avez fait, Madame, il y a un homme arrêté... un homme que l'on avait remarqué, sur lequel planaient des soupçons, ainsi l'on se disait déjà à l'oreille, ce qui, dans quelques jours se fût répété tout haut; j'arrive heureusement, et le premier fruit de cette coupable intrigue est de me faire jouer auprès de votre docteur, d'un imbécille, le rôle le plus ridicule, au moment où je croyais me moquer de lui. Oh! le misérable dont on s'est emparé, paiera cher son audace! et quant à vous, Madame, si notre position m'interdit tout témoignage public de mécontentement et de froideur, le Roi, du moins, vous jugera... il entendra mes plaintes, et peut-être qu'une séparation... Rien! j'attendais du moins, que vous chercheriez à vous justifier... mais je vous vois tellement accablée, que je ne me sens pas le courage de poursuivre, je n'ajouterai plus rien... voilà votre médaillon, je vous le rends, et...

LA DUCHESSE.

Service pour service; voilà votre bague.

LE DUC.

Cette bague, dans vos mains?

LA DUCHESSE.

Cela vous surprend?

LE DUC.

Comment se fait-il?

LA DUCHESSE.

Je la tiens d'un gentilhomme limousin, dont le père, après avoir servi le Roi, pendant quarante ans, reçoit de la munificence de l'état, une pension qui ne lui suffit pas pour vivre.

LE DUC.

Hein?

LA DUCHESSE.

Oh! c'est bien cela, je crains qu'en reconnaissant à mon doigt, cet anneau, ce jeune gentilhomme ne soit moins satisfait qu'il n'espérait de l'être.

LE DUC, à part.

Je suis pris.

LA DUCHESSE.

Je voudrais qu'on lui fît savoir que, sans lui, sans la frayeur qu'il m'a causée à l'Opéra, on ne m'eût point transportée tout évanouie dans la maison où il m'a trouvée... Il devine avec qui j'étais au bal, il sait à n'en pas douter avec qui je suis revenue, et à cette occasion, je lui demanderai humblement pardon de la peine qu'il a prise pour moi; dites-lui bien, si vous le voyez, que sa femme n'est pas tout-à-fait d'aussi bonne composition qu'il veut bien le dire, et que surtout, je le crois homme à renier parfaitement dans l'occasion, la prétendue réciprocité qu'il lui a accordée... oh! je n'irais pas loin pour lui prouver... Dites-lui qu'il la trouvera toujours prête à oublier ses écarts, ses folies... qu'elle le conjure seulement, de se défier de ce qui pourrait l'éloigner d'elle, non pas qu'elle dût jamais lui adresser de reproches, mais parce qu'elle l'aime et qu'elle souffrirait de son oubli.

LE DUC, à part.

Il n'y a pas un mot à répondre. (Haut.) Je demande grace.

LA DUCHESSE.

Et moi, pardon, car j'ai commis une imprudence dont je me suis assez repentie depuis hier, et que je voudrais pouvoir cacher à tout le monde.

LE DUC.

Oubliez-la, c'est tout ce que je vous demande.

SCÈNE XIX.

LES MÊMES, Mlle DE LUCE, entrant par l'appartement de la Duchesse.

Mlle DE LUCE.

Le Duc!

LE DUC.

Et quant à ce médaillon que le hasard a fait tomber entre mes mains, permettez-moi...

Mlle DE LUCE, s'avançant.

Ce médaillon, Monseigneur, c'est moi qui l'ai perdu.

LE DUC.

Vous?

Mlle DE LUCE.

Son Altesse a daigné me le confier hier au soir... et je l'ai laissé tomber dans cette galerie, ce matin, en rentrant.

LA DUCHESSE, à part.

Excellente fille!

LE DUC, bas à la duchesse.

Vous avez des gens qui vous sont dévoués, Madame; mais elle prend là une peine inutile, et je vais lui dire...

CHARLOT, dans la coulisse.

Laissez-moi. Je vous dis que je n'irai pas.

LE DUC.

Qu'y a-t-il?

Mlle DE LUCE.

C'est ce jeune homme que, malgré mes prières, M. Méchin s'obstine à conduire à la Bastille.

LE DUC.

Le maladroit!

Mlle DE LUCE.

Il a fait appeler main forte. Il prétend que Votre Alesse a été outragée par lui.

LE DUC.

L'imbécille! causer un pareil scandale!

LA DUCHESSE, bas au Duc.

Me compromettre, peut-être!

LE DUC.

Devant toute votre maison. (A part.) Comment réparer?.. Oh! quelle idée!

SCÈNE XX.

LES MÊMES, CHARLOT, LE DOCTEUR.

CHARLOT, du fond.

Lâchez-moi.

LE DOCTEUR, qui le retient.

Je vous dis que Son Altesse ordonne... Si vous saviez quel est son crime.

CHARLOT, se dégageant.

Lâchez-moi. (Se jetant aux pieds du Duc.) Ah! Monseigneur, vous ne tenez pas absolument à ce que ce soit moi qui aille à la Bastille; puisque vous avez laissé le choix à mon oncle, je demande que ce soit lui qu'on y mette à ma place.

LE DUC, à Mlle de Luce.

Mademoiselle, après l'aveu que vous venez de faire, il ne vous reste plus qu'à demander à Mme la Duchesse la permission de vous marier.

Mlle DE LUCE.

Moi... je...

LA DUCHESSE, bas, en lui serrant la main.

Oh! silence!

LE DUC, à Mlle de Luce, montrant Charlot.

Ainsi, c'est ce jeune homme que vous aimez, Mademoiselle?

CHARLOT.

Hein?

LE DOCTEUR.

Quoi?

Mlle DE LUCE, hésitant.

Monseigneur...

LA DUCHESSE, bas,

Je ne l'oublierai jamais.

LE DUC.

Et vous l'aviez assez bien caché, jusqu'à ce jour, pour que personne ne le soupçonnât.

Mlle DE LUCE.

Oui, Monseigneur.

CHARLOT, ébahi.

Plaît-il?

LE DUC.

Imprudent! qui, sans l'aveu de Mme la Duchesse, a osé porter ses regards sur une jeune personne élevée auprès d'elle, que ses bontés suivront toujours. Mlle de Luce a tout avoué, Monsieur; mettez-y la même franchise. C'est elle que vous avez trouvée hier au bal, et que le hasard a conduite chez vous cette nuit.

LE DOCTEUR, à part.

Comment? qu'est-ce que?..

LE DUC.

Et vous n'en aviez rien dit, même à votre oncle, Monsieur?

LE DOCTEUR, à part.

Je tombe de mon haut.

LE DUC.

C'est elle, enfin, qui, rentrant ce matin par cette galerie, a perdu un médaillon qu'elle n'eût jamais dû emporter.

LE DOCTEUR, à part.

Je n'y suis plus du tout.

LE DUC.

Mme la Duchesse a bien voulu consentir à ce mariage, Monsieur, et même à ce qu'il se fasse promptement. Pour ne pas me montrer moins indulgent qu'elle, je donne à Mlle de Luce dix mille livres de rente sur ma cassette.

LA DUCHESSE.

Et moi autant, afin qu'elle n'ait pas à se repentir de m'avoir servie.

LE DUC, bas.

Vous savez à quelle condition?

CHARLOT.

C'est-à-dire...

LE DUC.

Silence.

CHARLOT, à part.

Je crois que je comprends.

LE DUC.

Remerciez Mlle de Luce, car c'est à elle que vous devez votre pardon. (Bas à la Duchesse.) Vous lui direz, Madame, qu'elle peut tout attendre de moi pour prix de son dévouement.

CHARLOT.

Il paraît, Mademoiselle, que décidément notre amour, que nous cachions si bien, s'est involontairement trahi; mais, enfin, on nous marie et... pour ma part... (A part.) C'est qu'elle est charmante.

LE DOCTEUR, à part.

Je joue un rôle fort ridicule. (Haut.) Un moment, mais j'en demande pardon à vos Altesses, mais il est impossible que Mlle de Luce se soit jouée ainsi des sentimens que je lui ai voués, et que mon neveu...

LE DUC, à part.

Comment? Méchin aurait pensé... C'est charmant. (Bas au Docteur.) Quand je vous disais, Docteur, que vous aviez de grandes chances.

CHARLOT.

Il ne faut pas m'en vouloir, mon oncle, il n'y a pas de ma faute. (A part.) Je ne sais pas encore trop bien à quoi m'en tenir, mais c'est égal, me voilà riche, heureux...

LE DUC, le regardant.

Oui, mais si quelqu'un se vante de son bonheur et du rôle qu'il a joué dans cette aventure...

CHARLOT, vivement.

Ce ne sera pas moi.

LE DUC, à la Duchesse.

Ni moi.

LE DOCTEUR, à lui-même.

Ni moi.

CHOEUR.

Du mystère, du silence,
Et tout se passera bien
De cette nuit d'imprudence,
Que le jour ne sache rien.

FIN.

Impr. de Mme Delacombe r. d'Enghien, 12.

www.ingramcontent.com/pod-product-compliance
Ingram Content Group UK Ltd.
Pitfield, Milton Keynes, MK11 3LW, UK
UKHW020538230726
13925UKWH00006B/2347

9 782014 020335